Con piacere B1

Trainingsbuch Italienisch

von
Beatrice Rovere-Fenati
Giulia Sesti-Emmeluth

Ernst Klett Sprachen
Stuttgart

Con piacere B1

Trainingsbuch Italienisch

von
Beatrice Rovere-Fenati
Giulia Sesti-Emmeluth

1. Auflage 1 5 4 3 2 1 | 2018 17 16 15 14

Internetadresse: www.klett.de

Redaktion Monica Togni
Layoutkonzeption Alexandra Veigel-Schall
Gestaltung und Satz Wiebke Hengst, Ostfildern
Umschlaggestaltung Silke Wewoda
Reproduktion Meyle + Müller, Medienmanagement, Pforzheim
Druck und Bindung LCL Dystrybucja Sp. z o.o.
Printed in Poland

ISBN 978-3-12-525190-8

9 783125 251908

Inhalt

Diese Übungen orientieren sich an den Lektionen des Lehr- und Arbeitsbuchs und setzen deren Wortschatz voraus. Sie sollten die Aufgaben des Trainingsbuchs erst dann in Angriff nehmen, wenn Sie die entsprechende Lektion des Lehr- und Arbeitsbuchs abgeschlossen haben.

Vogliamo conoscerci meglio?

1 | Caccia all'intruso Cancellate la parola che non appartiene all'insieme.

1. contrabbasso | chitarra | racchetta | violino
2. golf | ciclismo | tennis | giardinaggio
3. fare shopping | visitare una mostra | dormire | passeggiare per il centro
4. periferia | centro storico | campagna | mostra
5. quadri | foto | dipinti | statue
6. camicia | zaino | maglietta | gonna
7. dolce | salato | piccante | grasso

2 | Fate delle supposizioni. Completate le frasi coniugando il verbo al futuro.

Perché Claudia …

1. … vuole fare sport? *Avrà bisogno* (avere bisogno) di muoversi.
2. … si è comprata un vestito da sera? ____________________ (andare) a una festa.
3. … si è iscritta ad un corso di yoga? ____________________ (essere) sotto stress.
4 … è preoccupata? ____________________ (cercare) un aiuto per il trasloco che deve fare.
5. … non ha risposto al telefono? ____________________ (volere) un po' di tranquillità.
6. … è andata al mercato a fare la spesa? ____________________ (avere) ospiti a cena.
7. … è andata all'IKEA? ____________________ (dover comprare) dei nuovi mobili.

[1] **il casco:** Helm

3 | La banca del tempo Completate con: *di* (2 ×), *alla* (2 ×), *a* (2 ×), *del*, *per*, *degli*, *al*, *delle*

Valentina non è brava ______ cucinare e chiede ______ banca ______ tempo un aiuto perché ha ______ amici ______ cena e vuole fare bella figura. Maria, che ha richiesto un lavoro ______ cucito, preparerà ______ buonissime lasagne ______ forno ______ Valentina. Qualche altro aderente risponderà anche ______ richiesta ______ Maria.

4 | Chi mi aiuta a ...? Pensate a quello che sapete o non sapete fare e preparate una rete di parole utili per la vostra "banca del tempo".

Sono brava/o a ...

Chi mi aiuta a ...?

Regole e sistemi

Der Gebrauch von *brauchen*

A ogni donna **serve** / **occorre** una borsa. Per la torta mi **servono** / ____________ molti ingredienti. Ti ____________ / **occorre** ancora qualcosa? Ci **servono** / ______________ alcune informazioni.	*Servire* und *occorrere* werden nur in der ______________ Singular und Plural benutzt. Das deutsche Subjekt wird im Italienischen zum indirekten Objekt, z. B. *du brauchst (ti serve / ti occorre)* bzw. *(ti servono / ti occorrono).*
Ogni donna **ha bisogno di** una borsa. I giovani ______________ **bisogno di** esempi.	*Ich brauche, du brauchst* usw. kann auch mit *avere* ________________ wiedergegeben werden.
Per ogni vestito **ci vuole** una borsa diversa. Per preparare il risotto ______________ 30 minuti.	*Volerci (man braucht / man benötigt)* steht je nach Bezugswort in der 3. Person ____________ bzw. Plural.
Il treno **ci mette** / **impiega** 3 ore per arrivare a Verona. Per andare a scuola **ci metto** / ___________ 10 minuti.	Mit *metterci* und ___________________ kann man nur eine benötigte Zeitdauer angeben.

5 | Ho bisogno di ... Guardate le 4 foto e scrivete due frasi per ogni foto usando i verbi dello specchietto grammaticale (Regole e sistemi) e alcuni vocaboli indicati qui sotto. Sono possibili più soluzioni.

1. 

2. 

3. 

4. 

~~molto denaro~~ | un restauro | due ore di tempo | un casco | un biglietto d'ingresso | un buon allenamento[1] | una mano | un coltello tagliente[2] | in bicicletta | delle belle piante

1. *Per ristrutturare questa casa ci vuole molto denaro.*
2. ______________________________
3. ______________________________
4. ______________________________

[1] **allenamento:** Training [2] **tagliente:** scharf

6 | Il mio parrucchiere Completate con: *sa, mi offre, ci mette, lo aiuta, ha bisogno, gli serve una mano*.

1. ________ sempre ___________ di molte idee per realizzare pettinature originali.
2. Ogni tanto ______________ e allora chiama la sua collega che ______________.
3. ______________ circa tre quarti d'ora per tagliarmi i capelli.
4. ______________ un buon caffè con un amaretto.
5. ______________ quale prodotto va bene per i miei capelli.

7 | Pronuncia
Ripassiamo! Mettete un puntino sotto la vocale su cui cade l'accento.

telefonano | gratuito | abitudini | martedì | ipotesi | catastrofe | fantasia | disponibile

8 | In che senso?
Abbinate le frasi alle funzioni comunicative.

A fare ipotesi
B offrire e chiedere aiuto
C parlare delle proprie capacità
D intervistare qualcuno su gusti e preferenze

[A] 1. Studierà l'italiano perché ha amici in Italia.
[ ] 2. Le piace di più rilassarsi con la lettura o con la musica?
[ ] 3. Offro un'ora del mio tempo per far giocare i vostri bambini!
[ ] 4. Chi mi dà una mano a cucinare?
[ ] 5. Sappiamo riparare molto bene le biciclette.
[ ] 6. Preferisce il mare o la montagna?
[ ] 7. Mah! Sarà un edificio del secolo scorso.
[ ] 8. So preparare dolci e anche alcuni piatti della cucina tipica italiana.

9 | Sapere o potere?
Scegliete tra i due verbi e coniugate nella forma appropriata.

1. Armando ______________ darmi una mano a spostare questo armadio?
2. Ho un forte mal di gola, mi dispiace ma oggi non ______________ proprio cantare.
3. Ma voi ______________ parlare molto bene l'italiano!
4. Purtroppo non ______________ fare tutte le cose che vorrei. (non ho imparato a farle)
5. Purtroppo non ______________ fare tutte le cose che vorrei. (non ho il tempo di farle)
6. Chi ______________ cambiare le gomme della macchina?

10 | Come si dice in italiano?

1. Hättest du Lust mit mir zur Veranstaltung *Fantasia Spagnola* zu gehen? Es gibt gute Musik und Leckeres zu essen!

   ____

2. Ich mag Ihre Musik, sie ist aber zu laut. Könnten Sie sie bitte etwas leiser stellen?

   ____

3. Ich möchte mich bei Ihnen herzlich bedanken. Es hat mir sehr gut gefallen!

   ____

4. Das ist eine tolle Idee, aber zur Zeit bin ich mit den Konzertproben beschäftigt. Vielleicht ein anderes Mal?

   ____

5. Entschuldigen Sie bitte, wie komme ich mit öffentlichen Verkehrsmitteln zum Stadion?

   ____

6. Meinst du nicht, dass du zu viel arbeitest? Du solltest einen Yoga Kurs besuchen!

   ____

7. Wir treffen uns um 20.20 Uhr vor dem Kino. Ich kaufe die Karten. Ok?

   ____

8. Ich möchte 2 Karten für das Konzert heute Abend. Gibt es noch freie Plätze?

   ____

Test

Qual è la soluzione giusta? Scegliete tra le diverse possibilità quella appropriata.

1. La visita al museo ____.
   - ☐ A mi piaceva molto
   - ☐ B mi è piaciuto molto
   - ☐ C mi è piaciuta molto

2. L'edificio è ____.
   - ☐ A rotto
   - ☐ B anziano
   - ☐ C rovinato

3. ____ con piacere la musica classica.
   - ☐ A Sento
   - ☐ B Guardo
   - ☐ C Ascolto

4. Il film ____ alle otto.
   - ☐ A cominciava
   - ☐ B è cominciato
   - ☐ C ha cominciato

5. Il mio hobby è giocare ____.
   - ☐ A a teatro
   - ☐ B alla chitarra
   - ☐ C a tennis

6. Tutte ____ due mangiano volentieri i dolci.
   - ☐ A le
   - ☐ B li
   - ☐ C e

7. Con questi stivali posso ____ tutto il giorno in città.
   - ☐ A camminare
   - ☐ B saltare
   - ☐ C andare

8. Signor Rossi, aspetti! ____ porto io alla stazione!
   - ☐ A La
   - ☐ B Gli
   - ☐ C Lo

9. Claudio, ho problemi con il computer, ti dispiace ____?
   - ☐ A mi aiutare
   - ☐ B aiutarmi
   - ☐ C aiutarlo

10. Giovanna e Adele vengono a trovarci, che cosa ____ offriamo?
    - ☐ A gli
    - ☐ B le
    - ☐ C la

11. Paolo ascolta la musica ____ tutto volume e disturba i vicini.
    - ☐ A con
    - ☐ B a
    - ☐ C di

12. Il treno ____ troppo tempo, preferisco andare in macchina.
    - ☐ A ci vuole
    - ☐ B ha bisogno
    - ☐ C ci mette

13. Di che cosa ____ per fare la torta di mele?
    - ☐ A ci metti
    - ☐ B hai bisogno
    - ☐ C ci vuole

14. A che cosa ____ questa padella?
    - ☐ A serve
    - ☐ B ci mette
    - ☐ C ha bisogno

1 Cose che capitano

1 | Promemoria prima di un viaggio

a Quali oggetti sono nascosti tra le lettere?

CAPPELLOGIACCACELLULARESCIARPAMACCHINAFOTOGRAFICAGUANTIGUIDA
PULLOVEROMBRELLOFOULARDLIBROOCCHIALIDASOLEBERRETTOBIGLIETTO
SCARPEPENNAIMPERMEABILECHITARRACAPPOTTOCANEPORTAFOGLIOCARTA
D'IDENTITÀBORSAZAINOPORTATILEGIORNALEOROLOGIOVALIGIACOLLANACINTURA

b Fate adesso una lista personale degli oggetti che voi rischiate sempre di perdere.

ABBIGLIAMENTO

OGGETTI VARI

2 | Che cosa dite in queste occasioni? Scegliete lo smily appropriato.

a Cosa dite per esprimere: stupore, contentezza o ammirazione, fastidio?

Incredibile! | Beato Lei! | Uffa! | Maledizione! | Che bello! |
Vuole scherzare? | Roba da matti! | Accidenti! | Congratulazioni!

b Per ogni situazione scegliete le diverse espressioni adatte tra quelle elencate in **a**.

1. Ho vinto un viaggio in nave per due persone sul Mar Baltico! ______
2. Ho perso la macchina fotografica! ______
3. Non so cosa pensare: il mio capo mi ha regalato una borsa elegantissima ma dentro c'era un pitone. ______
4. Mia figlia si è sposata. ______
5. Mi dispiace, ma il suo volo è stato cancellato. ______
6. Purtroppo deve aspettare qualche giorno, la sua valigia di pelle non è ancora arrivata. ______

3 | Trovate l'intruso. Cancellate l'espressione che non armonizza con le altre.

1. la tangenziale | la strada | il garage | l'autostrada | il viale
2. l'automobilista | il distributore | il benzinaio | il vigile del fuoco | il carabiniere
3. l'autotrasporto | i freni | il toro | la revisione della macchina | il motore
4. l'ingorgo | il traffico | le code | il casello autostradale | l'allevamento
5. filmare | telefonare | fotografare | scrivere una mail | dimenticare

Regole e sistemi I

Gebrauch der Präpositionen bei der Beschreibung von Gegenständen

1. Uno zaino **di** pelle Una giacca ____ lana	Der Zweck bzw. die Bestimmung eines Gegenstandes wird mit der Präposition ____ ausgedrückt. (Bsp. ____)
2. Un balcone **in** ferro battuto I pantaloni ____ tinta unita	Zur Angabe eines Merkmals oder Musters wird ____ verwendet. (Bsp. ____)
3. Un vestito **da** sposa Un abito ____ uomo	Die Beschaffenheit einer Sache wird in der Regel mit der Präposition ____ angegeben. (Bsp. ____)
4. Una camicia **a** quadri Una cravatta ____ righe	In wenigen Fällen wird die Beschaffenheit mit ____ angegeben. (Bsp. ____)

4 | La preposizione giusta al posto giusto! Inserite nei palloncini i vocaboli elencati.

cotone | uomo | righe | lana | tinta unita | fibra sintetica | bagno | sole | tela | seta | ginnastica | donna | metallo | bambino | sera | carta | plastica | vino (2 ×) | colori

5 | All'ufficio assistenza bagagli Mettete in ordine logico le frasi.

- [1] Uffa, finalmente tocca a me!
- [ ] Un vestito da sera blu notte in tinta unita e un paio di scarpe eleganti di pelle blu con tacco alto.
- [ ] Sì, ma proprio a me doveva capitare?
- [ ] Prego, in che cosa posso esserLe utile?
- [ ] Verde chiaro.
- [ ] Ero sul volo che è arrivato da Berlino, però la mia valigia non è arrivata!
- [ ] Ancora qualcosa?
- [ ] Di che colore?
- [ ] Non si preoccupi! Le consegneremo[1] la valigia appena possibile.
- [ ] È di media grandezza con 4 rotelle.
- [ ] Sì, due pullover di lana e uno di cotone. Delle magliette, due paia di pantaloni e della biancheria intima di seta.
- [ ] Che cosa contiene?
- [ ] Com'è la Sua valigia, può descriverla?

[1] **consegnare:** *hier:* bringen/liefern

Regole e sistemi II

Gebrauch von *passato prossimo* und *imperfetto*

Mi **sono fermato** perché **c'era** un toro in mezzo alla corsia.

Non **avevo** più benzina e allora **sono andata** all'area di servizio.

Il nostro viaggio non **è stato** molto rilassante. **Abbiamo avuto** qualche problema sull'autostrada.

Ieri, mentre **andavo** al lavoro, **ho visto** un toro sulla tangenziale. **Ho frenato**, ma non **sono sceso**, **ho preferito** aspettare la polizia perché **avevo** paura.

Im ____________________ stehen das eigentliche Geschehen oder mehrere aufeinander folgende Handlungen bzw. Ereignisse (Was hat jemand gemacht? Was ist dann passiert?). Diese Ereignisse werden unter dem Blickwinkel ihres Ergebnisses bzw. Endpunkts dargestellt.

Im ____________________ stehen der Handlungshintergrund bzw. Beschreibungen und Erklärungen zu Gegebenheiten, Gewohnheiten und Zuständen (Was war? Wie war es? Warum war es so?). Die Begebenheiten werden in ihrem Verlauf dargestellt, ohne deren Endpunkt oder Ergebnis im Blick zu haben.

6 | Che giornataccia! Inserite i verbi al passato nella forma appropriata.

Ieri ____________________ (perdere – io) il treno e ____________________ (andare) a lavorare in macchina. Quando ____________________ (partire) ho notato che non ____________________ (avere) quasi più benzina e così ____________________ (fermarsi) al distributore. Mentre ____________________ (fare) benzina al self-service mi ____________________ (chiamare) mia moglie che ____________________ (volere) il numero dell'idraulico. ____________________ (perdere) tempo e così non ____________________ (riuscire) a bere neanche un cappuccino prima di arrivare in ufficio. Ma almeno ____________________ (avere) il tempo di comprare il giornale all'edicola. Al momento di pagare però ____________________ (accorgersi) che non ____________________ (avere) più il cellulare in tasca. Allora ____________________ (tornare) al distributore. Per fortuna il telefonino ____________________ (essere) ancora lì, sulla cassa automatica. ____________________ (arrivare) in ufficio con un'ora di ritardo e così ________________ (rimanere) a lavorare fino alle otto di sera. Che giornataccia!

7 | A diciotto anni ... Passato prossimo o imperfetto? Scegliete la forma più adatta.

Quando avevo / ho avuto 18 anni andavo / sono andata, per la prima volta in Inghilterra e frequentavo / ho frequentato un corso estivo in una scuola di lingue a Cambridge. Ci sono stati / C'erano molti studenti di tutte le nazionalità ma eravamo / siamo stati solo otto italiani. Il primo giorno facevamo / abbiamo fatto un test che, per me, era molto difficile. Nel mio gruppo ho conosciuto Martine, una francese che diventava / è diventata la mia migliore amica. Ci conoscevamo / siamo conosciute una notte mentre abbiamo cercato / cercavamo qualcosa da mangiare nella cucina dello studentato dove abbiamo abitato / abitavamo. Avevamo una fame da lupi[1], la cucina inglese non ci è piaciuta / piaceva per niente e insieme quella notte abbiamo cucinato un piatto di spaghetti. In seguito ci siamo riviste / ci rivedevamo. Poi lei si sposava / si è sposata con mio fratello ed ora vive nella mia stessa città. Ho un bel ricordo di quel primo soggiorno a Cambridge, c'erano / ci sono stati dei bei luoghi nei dintorni e facevamo / abbiamo fatto anche alcune escursioni. Imparavo / Ho imparato molto durante le lezioni e questo mi serviva / è servito durante i tanti viaggi di lavoro che facevo / ho fatto negli ultimi anni.

[1] **fame da lupi:** Bärenhunger

Regole e sistemi III

Das *trapassato prossimo*

Ero felice perché la mia vecchia amica **era tornata** dalla Nuova Zelanda e mi **aveva cercato** all'indirizzo dei miei genitori.

Gli automobilisti erano allarmati perché **avevano visto** un toro sulla tangenziale.

Carlo era contento perché il giorno prima ____________ andato a trovare il suo amico.

Sul treno ho incontrato un'attrice che ____________ visto la sera prima in televisione.

Das *trapassato prossimo* entspricht dem deutschen Plusquamperfekt und drückt Vorzeitigkeit in der Vergangenheit aus. Es drückt also das Geschehen aus, das einem anderen Geschehen in der Vergangenheit vorausgegangen ist.

Das im *trapassato prossimo* dargestellte Geschehen begründet oft das in der Vergangenheit liegende Ereignis.

Das *trapassato prossimo* wird mit dem ________________ von ______________ oder *essere* und mit dem ____________ ____________ des Hauptverbs gebildet.

8 | Che cosa era successo prima? Collegate le frasi.

- ☐ 1. I suoi capelli erano bellissimi perché …
- ☐ 2. I bambini erano molto contenti perché …
- ☐ 3. La giacca di lana si era rovinata perché …
- ☐ 4. La segretaria si è spaventata perché …
- ☐ 5. Mara si è svegliata improvvisamente perché …
- ☐ 6. Luca non aveva voglia di festeggiare il compleanno ma non sapeva …
- ☐ 7. Paolo ieri ad un matrimonio ha rivisto la sua prima ragazza …
- ☐ 8. Dopo il matrimonio gli sposi sono partiti per il viaggio di nozze …

A aveva fatto un brutto sogno.
B che gli amici gli avevano organizzato una festa a sorpresa.
C era stata dal parrucchiere.
D che avevano organizzato qualche mese prima.
E la mamma aveva preparato la pizza.
F un pitone era uscito dal cestino dell'ufficio del Signor Neri!
G sua madre l'aveva lavata in lavatrice.
H che non aveva più incontrato per tanti anni.

9 | Un vecchio baule in soffitta[1] Scegliete il tempo giusto: passato prossimo, trapassato o imperfetto.

Domenica scorsa ________________________ (piovere) tutto il giorno. Non ____________ ____________ (sapere – io) cosa fare, ________________________ (annoiarsi) da morire. ________________ già ________________ (finire) di leggere quel libro molto avvincente che mi ________________________ (regalare) il mio collega l'anno scorso. Non ________________________ (volere) andare a fare la camminata nel bosco che i miei amici mi ________________________ (proporre) di fare e ormai era comunque troppo tardi, loro ____________ già ____________ (partire). Allora ________________________ (decidere – io) di fare una cosa che ________________ (volere) già fare da molto tempo: aprire il vecchio baule pieno di ricordi su in soffitta[1]. Nel baule ________________________ (esserci) diverse foto che mio padre ________________________ (fare) quando noi ________________ (essere) bambini ed un piccolo toro di plastica che mio zio mi ________________________ (portare) da un suo viaggio in Spagna. Quanti ricordi! Forse troppi! ________________________ (chiudere) il baule e ________________________ (tornare) velocemente giù nel mio appartamento così accogliente.

[1] **soffitta:** Dachboden

Regole e sistemi IV

a Kausale Konjunktionen: *perché, dato che, siccome*

Perché non mi hai telefonato?
Non ti ho telefonato **perché** il mio cellulare era scarico.

Dato che / Siccome il mio cellulare era scarico, non ti ho telefonato.

La mia amica si è arrabbiata ________ sono arrivata in ritardo.
________ / **Siccome** sono arrivata in ritardo, la mia amica si è arrabbiata.
________ / **Dato che** non avevo soldi, non ho potuto fare la spesa.

Konjunktionen dienen dazu, Sätze oder Satzglieder zu verbinden.
Perché, dato che und *siccome* haben die gleiche Bedeutung. Sie drücken den Grund eines Geschehens aus und werden im Deutschen mit ____________ wiedergegeben.

Als Fragewort steht *perché? (warum?)* am ________ des Satzes. Als Konjunktion leitet *perché* einen Nebensatz ein, der in der Regel auf den Hauptsatz ________.
Dato che und ________ stehen am ________ des Satzes.

b Die Wiedergabe von *man* in der 3. Person Plural

Perché non **mi hanno detto** che la carta d'identità per questo viaggio non basta?

Parlano tanto ma poi non ________________ (fare) niente.

Ähnlich wie im Deutschen kann die 3. Person ______________ anstelle der unpersönlichen Form *si* (man) verwendet werden.

Diese Form wird vor allem in der gesprochenen Sprache benutzt.

10 | *Siccome, perché, dato che* Collegate le parti del domino in modo logico e formate delle frasi con l'aiuto delle congiunzioni, secondo l'esempio. Poi trascrivete le frasi sul quaderno.

☐	non avere mai imparato	esserci troppo traffico	1
☐	arrivare in ritardo a scuola	non sapere suonare la chitarra	☐
1	andare a lavorare in bici	perdere l'aereo	2
☐	passare la notte in aereoporto	gli amici organizzare una festa a sorpresa	☐
☐	mettere la sciarpa	non sentire la sveglia	☐
☐	aspettare il festeggiato al buio	fare freddo	☐

Es.: Siccome c'era troppo traffico, sono andato a lavorare in bici. / Sono andato a lavorare in bici perché c'era molto traffico.

11 | I mali della politica Completate le frasi usando la forma impersonale al plurale.

1. ______________ (volere) aumentare le pensioni. Ma con quali soldi?
2. ______________ (dimenticarsi) dei disabili. È sempre la stessa storia!
3. ______________ (dovere) fare qualcosa per garantire il lavoro agli insegnanti precari!
4. ______________ (promettere) di diminuire le tasse e poi non ______________ (fare) niente.

Test

Qual è la soluzione giusta? Scegliete tra le diverse possibilità quella appropriata.

1. ____ piove, prendo l'ombrello.
   - ☐ A Perché
   - ☐ B Siccome
   - ☐ C Quindi

2. Vado dal dentista ____ ho mal di denti.
   - ☐ A dato che
   - ☐ B siccome
   - ☐ C perché

3. L'anno scorso ____ in Italia.
   - ☐ A mi trasferivo
   - ☐ B mi trasferisco
   - ☐ C mi sono trasferito

4. Ho ritrovato il cellulare che ____ in treno.
   - ☐ A dimenticavo
   - ☐ B avevo dimenticato
   - ☐ C dimentico

5. Mentre ____ a mio marito, il cellulare ____.
   - ☐ A telefonavo | si è spento
   - ☐ B ho telefonato | si spegneva
   - ☐ C telefonavo | si spegneva

6. Mi ____ che oggi c'è sciopero.
   - ☐ A dicevano
   - ☐ B avevo detto
   - ☐ C avevano detto

7. Non ci ____ avvisato del ritardo.
   - ☐ A avevamo
   - ☐ B avevano
   - ☐ C erano

8. Mia figlia ha avuto un bambino! ____
   - ☐ A Congratulazioni!
   - ☐ B Vuole scherzare?
   - ☐ C Accidenti!

9. Mi dispiace ma il motore della Sua macchina non si può più riparare.
   - ☐ A Congratulazioni!
   - ☐ B Beata Lei!
   - ☐ C Maledizione!

10. ● Lo sai che ho visto un toro sulla tangenziale?
    ○ ____
    - ☐ A Che bravo!
    - ☐ B Beato te!
    - ☐ C Incredibile!

11. ● ____ che colore sono gli stivali?
    ○ Verde bottiglia.
    - ☐ A In
    - ☐ B A
    - ☐ C Di

12. Devo assolutamente comprare una borsa ____ viaggio!
    - ☐ A di
    - ☐ B da
    - ☐ C in

13. Quest'anno vanno di moda le gonne corte ____ tinta unita.
    - ☐ A a
    - ☐ B da
    - ☐ C in

14. Mentre facevo shopping ho visto in vetrina dei pantaloni ____. Erano straordinari!
    - ☐ A verde scuro
    - ☐ B verdi scuri
    - ☐ C verde scuri

2 Te lo dico così.

1 | I vocaboli della comunicazione Individuate le 13 parole nascoste.

A	G	U	E	R	C	H	I	A	C	C	H	I	E	R	A	R	E	P	V	I	R	T	U	A	L	E
C	H	A	T	T	A	R	E	X	P	C	E	L	L	U	L	A	R	E	H	E	D	E	F	P	D	X
F	F	E	M	A	I	L	E	X	C	T	R	M	E	S	S	A	G	G	I	N	O	C	Z	E	T	E
B	E	T	A	B	L	E	T	N	O	X	S	Y	T	E	L	E	F	O	N	I	N	O	Q	A	W	B
P	O	R	T	A	T	I	L	E	E	G	H	I	C	O	M	U	N	I	C	A	R	E	B	L	E	T
X	C	V	G	A	U	A	G	E	N	D	A	E	L	E	T	T	R	O	N	I	C	A	A	L	E	A
C	S	S	C	R	I	V	E	R	E	K	C	R	Y	U	T	E	L	E	F	O	N	A	R	E	V	C

2 | Qual è il verbo giusto? Coniugate i verbi nelle frasi al presente.

chiacchierare | scambiare | ricevere | scrivere | lasciare | chattare | dimenticare | comunicare

1. Voi ______________ spesso in Internet?
2. Senti, ma perché non ______________ i tuoi appuntamenti sull'agenda elettronica? Così non li ______________.
3. Quando ci incontriamo il mio vicino ed io ______________ volentieri.
4. Io ______________ regolarmente tanti messaggini sul cellulare e quasi ogni giorno ______________ un commento su twitter.
5. Fra noi amici ______________ molto via e-mail.
6. Questo è un forum utile per ______________ idee ed opinioni.

3 | Ma che significa?
Riuscite a capire i messaggini? Trascriveteli in italiano.

1. Ma dove 6? Xké non vieni?

2. Sono ancora a kasa c vedia-mo + tardi tvb

3. arrivo + o – h13 andiamo a bere qlc?

4. Xfetto! ☺

4 | Che confusione! Ricordate il dialogo a pagina 25 di *Con Piacere B1*? Ricostruite le frasi mettendo le parole nell'ordine giusto.

1. vorrei / una / denuncia / buongiorno / fare ______________________
2. il portafoglio / hanno / al mercato / fa / rubato / mezz'ora / mi ______________________
3. indirizzo / si accomodi / le Sue / per favore / nome / cognome / generalità / prego / mi dia ______________________
4. volevo comprare / di pagare / il portafoglio / e me la / una bella cintura / ma al momento / avevo visto / non c'era più ______________________
5. nella tasca / dei jeans / lo tenevo / posteriore ______________________
6. ma io / hanno sfilato / non mi sono accorto / evidentemente / da lì / me l' / di niente ______________________
7. Glielo / e in caso / dei documenti / faremo sapere / per favore / di ritrovamento / firmi qui ______________________

Regole e sistemi I

Das *gerundio* anstelle eines Nebensatzes (1)

1. **Sto telefonando**, puoi aspettare un attimo?
2. **Mentre** cucino ascolto la radio italiana via Internet.
   Cucinando ascolto la radio italiana via Internet.
3. **Quando** chatta si rilassa e comunica con amici.
   ______________ si rilassa e comunica con amici.

In Verbindung mit *stare* gibt das Gerundium die Verlaufsform wieder: *Stiamo mangiando (Wir essen ____________).*

Steht das Gerundium allein, kann es einen Nebensatz ersetzen, wenn dieser dasselbe ____________ wie der Hauptsatz hat.

Ersetzt das Gerundium Nebensätze, die mit *mentre* oder ____________ eingeleitet werden, drückt es aus, dass die Handlung des Nebensatzes parallel zur Handlung des Hauptsatzes verläuft.

5 | Ripassiamo! Completate con il gerundio o la corrispondente forma all'infinito.

infinito	gerundio
______________	uscendo
stare	______________
______________	dicendo
fare	______________

infinito	gerundio
______________	finendo
leggere	______________
______________	twittando
bere	______________

6 | Un circolo vizioso Completate coniugando al gerundio i verbi sottolineati.

Facendo la dieta <u>risparmio</u>. *Risparmiando* <u>ho bisogno</u> di meno soldi, ______________ di meno soldi devo <u>lavorare</u> di meno, ______________ di meno <u>ho</u> più tempo libero, ______________ più tempo libero posso <u>fare</u> sport, ______________ sport <u>brucio</u>[1] molte calorie, ______________ molte calorie <u>dimagrisco</u>, ______________ non <u>devo</u> fare la dieta, non ______________ fare la dieta sono più felice perché posso mangiare tutto quello che mi piace. ☺

[1] **bruciare:** verbrennen

Regole e sistemi II

Kombinierte Pronomen

Mi dai lo zaino?	**Me lo** dai?
Ti passo la borsa?	___ ___ passo?
Ci racconti una storia?	___ ne racconti una?
Lia si compra il portatile nuovo.	___ ___ compra nuovo.
Do la macchina a Leo stasera.	______ do stasera.
Compro il telefono a Maria.	______ compro.
Signor Bini, Le faremo sapere se ritroviamo i documenti.	______ faremo sapere.
Ti dico la verità.	**Te la** dico.
Non ti dico la verità.	**Non** ___ ___ dico.
Posso darti le chiavi?	Posso dartele?
Dammi le chiavi!	____________!
Mi dia le chiavi!	Me le dia!

Treffen zwei Pronomen zusammen, werden diese kombiniert. Dabei steht das indirekte bzw. das Reflexivpronomen ________ dem direkten Pronomen bzw. ________ *ne*. *Mi, ti, ci, vi si* erhalten den Endvokal ____.

Die indirekten Pronomen *gli, le , Le* verschmelzen mit dem zweiten Pronomen, z. B. *glieli, gliela, glielo*. Dabei verwandelt sich nicht nur *gli* zu *glie*, sondern auch ________ (weibl.) und ________ (höfliche Anrede).

Die kombinierten Pronomen stehen direkt ________ dem konjugierten Verb bzw. ________ *non*.

Beim Infinitiv und beim Imperativ werden die kombinierten Pronomen an das Verb ____________. Beim Imperativ der Höflichkeitsform hingegen stehen sie __________ dem Verb.

7 | I pronomi combinati Completate la tabella.

+	lo	la	li	le	ne
mi	*me lo*	______	______	______	______
ti	______	______	______	*te le*	______
gli / le / Le	______	*gliela*	______	______	______
ci	______	______	*ce li*	______	______
vi	______	______	______	______	*ve ne*
gli	*glielo*	______	______	______	______
si	______	______	______	*se le*	______

8 | Minidialoghi Completate con i doppi pronomi.

1. ● Mi voglio comprare dei pantaloni di pelle nera.
   ○ Dove __________ vuoi comprare?
2. ● Ti hanno rubato il portafoglio?
   ○ Sì, __________ hanno rubato alla stazione.
3. ● Se vuole Le presto i soldi per il biglietto!
   ○ Grazie, molto gentile. __________ restituisco domani.
4. ● Hai dato le chiavi a Martina?
   ○ Non ancora, __________ do stasera.
5. ● Fate tanti saluti alla nonna.
   ○ __________ faremo senz'altro.
6. ● Che belle cinture! Ne compriamo una a Luca?
   ○ Buona idea! __________ compriamo una nera?

Regole e sistemi III

Pronomen der Höflichkeitsform

È Lei la signora Rossi?
È _______ il signor Rossi?

Signor Rossi, venga, __________ porto alla stazione.
Signor Rossi, se vuole **Le** offro un cappuccino.

Vorrei mostrar_____ l'appartamento.
Posso chiamar_____ in ufficio?

Für die Höflichkeitsform wird die ____ Person Singular der weiblichen Form verwendet.

Die Form *La* steht für das direkte Pronomen.
Die Form _____ steht für das indirekte Pronomen.

In der Höflichkeitsform werden die Pronomen meistens _________ geschrieben. Dies gilt auch, wenn sie an ein Verb angehängt werden.

9 | Una storia vera: denuncia di furto alla polizia Completate con i pronomi mancanti (anche combinati). Attenzione alla forma di cortesia!

- ● Prego, si accomodi! In che cosa posso esser________ utile?
- ○ Vorrei fare una denuncia.
- ● Si accomodi, mi dica!
- ○ Ero in un autobus quasi vuoto, quando improvvisamente sono saliti alcuni uomini e si sono messi tutti accanto a me. Alla fermata successiva sono scesi tutti insieme. Solo allora mi sono accorto di non avere più il portafoglio. _____ _____ avevano rubato! Non so come! Sono andato dal conducente[1] e _____ 'ho detto, ma era troppo tardi, l'autobus era già ripartito e dei ladri non c'era più traccia[2].
- ● Cosa c'era nel portafoglio?
- ○ Non c'erano molti soldi in contanti ma c'era la mia carta di credito, il bancomat, la patente e la carta d'identità.
- ● Purtroppo non posso dar_____ molta speranza, ma faremo di tutto per far_______ riavere. Vuole un caffè? ______ faccio volentieri.
- ○ Grazie, Lei è molto gentile.
- ● Ecco il protocollo, ____ ____ può firmare?
- ○ Certo. Scusi, ______ posso chiamare nei prossimi giorni per avere notizie?
- ● Certamente! In ogni modo se ritroviamo il Suo portafoglio ______ faremo sapere.
- ○ _____ ringrazio!
- ● Prego! Arriveder_____!

[1] **conducente:** Fahrer [2] **traccia:** Spur

Regole e sistemi IV

Suffixe zur Vergrößerung, Verkleinerung und Abwertung

Luca ha nove anni, ma è proprio un **ragazzone**.
Maria ha degli **occhioni** azzurri meravigliosi.

Mit der Nachsilbe -______ wird jemand oder etwas als groß bzw. schwer beschrieben.

Quella **ragazzina** è timida, ma molto intelligente.
Quella **piazzetta** è incantevole!
Dobbiamo comprare una **tendina** per la **finestrella** sotto il tetto.

Mit den Nachsilben -_______, -_______, -_______ wird jemand oder etwas als klein bzw. hübsch beschrieben.

Vuoi ancora un pezz**ettino** di formaggio?

Manchmal kann man zwei verkleinernde Suffixe miteinander kombinieren, z B. *pezzettino* (*-etto* + *-ino*)

Quel **ragazzaccio** mi ha rubato la borsa!
Che **lavoraccio** mettere in ordine la soffitta!

Mit der Nachsilbe -______ wird jemand oder etwas als hässlich bzw. schlecht beschrieben.

10 | Quanti suffissi! Inserite la parola giusta negli spazi vuoti.

nasino minutino nuvoletta scatoletta fettine parolacce tempaccio panchina gattino scatolone

1. Prendi l'ombrello! C'è un ____________ terribile!
2. Che bel pelo[1] morbido ha il tuo ____________!
3. Questi libri li puoi mettere in quello ____________, è più robusto.
4. Non si dicono le ____________!
5. Mi tagli ancora due ______________ sottili di salame, per favore?
6. Ho bisogno di una ____________ di tonno. Ne hai ancora una?
7. Che carino quel bambino! Ha un ____________ dolcissimo!
8. Sono stanca morta, ci sediamo su quella ______________ sotto l'albero e ci riposiamo un po'?
9. Non ti preoccupare, non pioverà, c'è solo una ______________ nel cielo.
10. Hai un ______________ di tempo? Dovrei dirti qualcosa d'importante.

[1] **pelo:** Fell

11 | Una frase per ogni situazione Completate i minidialoghi in italiano.

1. *Entschuldigung, es ist nicht meine Schuld gewesen! Ich habe länger arbeiten müssen!*
   - ● Sei sempre in ritardo!
   - ○ ______________________________

2. *Das ist mir egal. Morgen können wir lange schlafen!*
   - ● Forse è tardi per andare al cinema …
   - ○ ______________________________

3. *Aufgepasst! Hinter uns kommt ein Mofa! Achte auf deine Tasche, Mirjam!*
   - ● Che bella atmosfera, qui al mercato!
   - ○ ______________________________

4. *Vorzüglich wie immer! Einfach perfekt!*
   - ● Allora, ti piacciono queste scaloppine al Marsala?
   - ○ ______________________________

5. *Was machst du noch? Komm, gehen wir, unsere Freunde warten auf uns!*
   - ● Luca, non hai parcheggiato bene! Dammi le chiavi che sposto la macchina.
   - ○ ______________________________

6. *O.k., sehr gut!*
   - ● Va bene per te, se ci vediamo alle otto?
   - ○ ______________________________

Test

Qual è la soluzione giusta? Scegliete tra le diverse possibilità quella appropriata.

1. ____ volta che andiamo al cinema mi addormento.
   - ☐ A Qualche
   - ☐ B Tutta la
   - ☐ C Ogni

2. ____ non ascolto mai la radio.
   - ☐ A Studiando
   - ☐ B Perché studio
   - ☐ C Se ho studiato

3. Sto lavorando. Ti richiamo ____ arrivo a casa.
   - ☐ A perché
   - ☐ B mentre
   - ☐ C quando

4. ____ spesso con il vicino di casa.
   - ☐ A Chiacchiero
   - ☐ B Telefono
   - ☐ C Scrivo

5. ____ 6 ☹?
   - ☐ A Tvb
   - ☐ B Xké
   - ☐ C Xfetto

6. Signor Grassi, ____ invito alla mia festa.
   - ☐ A Lo
   - ☐ B la
   - ☐ C La

7. Signora Neri, ____ telefono stasera.
   - ☐ A La
   - ☐ B Le
   - ☐ C la

8. ● Ecco, abbiamo perso il treno.
   ○ ____
   - ☐ A Delizioso!
   - ☐ B Occhio!
   - ☐ C Pazienza, è andata così.

9. Non dire sempre quelle ____, non è bello!
   - ☐ A parolone
   - ☐ B parolacce
   - ☐ C paroline

10. È alto 1,90 cm, è proprio un ____.
    - ☐ A ragazzaccio
    - ☐ B ragazzetto
    - ☐ C ragazzone

11. Compra 2 biglietti anche per me!
    - ☐ A Per favore, compramele!
    - ☐ B Per favore, me li compri!
    - ☐ C Per favore, comprameli!

12. ● Mi hanno rubato la borsa.
    ○ ____
    - ☐ A Dove Gliel'hanno rubata?
    - ☐ B Dove Gliele hanno rubate?
    - ☐ C Dove Glielo hanno rubato?

13. Mi dia la Sua carta d'identità! ____
    - ☐ A Mi dia subito!
    - ☐ B Dammela subito!
    - ☐ C Me la dia subito!

14. Venga, bisogna redigere ____!
    - ☐ A il verbale
    - ☐ B la denuncia
    - ☐ C il furto

3 Come siamo, come viviamo

1 | Come si dice in italiano? Traducete gli aggettivi. Nelle caselle messe in rilievo troverete un altro aspetto del carattere.

1. verschlossen						o						
2. pünktlich												
3. gastfreundlich							l	e				
4. ernst					o							
5. kalt / kühl												
6. tüchtig / geschickt / brav		r										
7. egoistisch							a					
8. schlau / listig	f											
9. verantwortungsvoll						n						
10. liebevoll / zärtlich		f	f									

Soluzione: _ _ _ _ _ _ _ _ _ _

2 | Parlando di stereotipi ... Che confusione! Rimettete in ordine gli elementi evidenziati nelle frasi.

Dicono che gli italiani parlano tanto e in ritardo. È vero, forse sono un po' egoisti, ma il più delle volte anche molto comunicativi e vivaci.
Dicono che gli italiani non sono puntuali e arrivano sempre ad alta voce, ma non è vero.
Dicono che gli italiani vivono per anni con la famiglia e sono accoglienti e fastidiosi, ma tanti giovani non trovano lavoro, inoltre molti si occupano dei loro genitori anziani.
Dicono che gli italiani sono ospitali e mammoni. Non è sempre così, ma sono spesso pronti ad aprire la loro casa.

Regole e sistemi I

a Adjektive mit unregelmäßigen Steigerungsformen

Einige Adjektive haben neben den regelmäßigen auch unregelmäßige Steigerungsformen.

	Komparativ	Relativer Superlativ	Absoluter Superlativ
buono	più buono / migliore *besser*	il più buono / il ________ *der beste …*	ottimo *sehr gut*
cattivo	più cattivo / peggiore *schlechter*	il più cattivo / ________ *der schlechteste …*	________ *sehr schlecht*
grande	più grande / ________ *größer*	il più grande / il maggiore *der größte …*	massimo ________
piccolo	più piccolo / minore *kleiner*	il più piccolo / ________ *der kleinste …*	minimo ________
alto	più alto / ________ *höher*	il più alto *der höchste …*	supremo ________
basso	più basso / inferiore *tief, gering*	il più basso *der tiefste … / der geringste …*	infimo *sehr tief / sehr gering*

- Die regelmäßigen Formen von *buono* und *cattivo* dienen i. A. nur zur Charakterbeschreibung von Personen sowie zur Beschreibung von Speisen und Getränken: *Qui il caffè è più buono.* Der relative Superlativ wird mit dem ________ Artikel und dem ________ gebildet: *il maggior vantaggio.*
- Im Vergleichssatz mit *migliore, peggiore, maggiore* oder *minore* wird das deutsche *als* mit *di* bzw. *che* wiedergegeben (vgl. *Con Piacere A2* S. 182): *Le condizioni di vita sono migliori ________ prima. Il caffè al Sud è migliore ________ al Nord.*
- Im Vergleichssatz mit *inferiore* und *superiore* wird *als* mit *a* übersetzt: *La disoccupazione al Nord è inferiore ______ quella del Sud.*

b Adverbien mit unregelmäßigem Komparativ

Die Adverbien *bene* und *male* haben nur unregelmäßige Komparativformen:

Oggi Giulio ha cucinato **peggio** del solito.
Oggi posso tornare al lavoro: sto **meglio** di ieri.

Der Komparativ von *bene* lautet ________.
Male hat im Komparativ die Form ________.

3 | Gli italiani esagerano sempre! Completate con le parole date.

migliore | pessimi | minore | meglio | inferiore | la peggiore | maggiore | superiore

1. I miei rapporti di vicinato sono più che cattivi, sono ________!
2. Non sto ancora bene ma va già ________.
3. Dal piano ________ salgono dei profumini!
4. Dal piano ________ vengono certi rumori! I bambini corrono tutto il giorno!
5. I miei due coinquilini sono i miei fratelli: quello ________ ha solo un anno più di me, quello ________ ha 9 anni meno di me.
6. Questa è ________ crisi degli ultimi anni.
7. Hanno detto che la vita al Sud è ________ che al Nord.

Regole e sistemi II

Die indirekte Rede

Kirstin dice / ha detto:
"Facendo **questo** lavoro **ho** l'opportunità di conoscere molta gente."
"A Berlino **mi** annoiavo."
"Secondo i **miei** amici Palermo è pericolosa."

Kirstin dice / ha detto …
che facendo ________ lavoro _____ l'opportunità di conoscere molta gente.
che a Berlino _____ annoiava.
che secondo i _____ amici Palermo è pericolosa.

Anders als im Deutschen wird in der indirekten Rede der Indikativ benutzt.

In der indirekten Rede wird dieselbe Zeit wie in der direkten Rede verwendet, wenn das Verb des Hauptsatzes im Präsens (bzw. *passato prossimo* zum Ausdruck der unmittelbaren Vergangenheit) steht.

Bei Pronomen, Adverbien und der Personalform des Verbs können sich Veränderungen ergeben.

4 | In Sicilia con i nostri alunni Riferite quello che raccontano le due amiche modificando le parole evidenziate e aiutandovi con i seguenti verbi:

dice | spiega | aggiunge | afferma | racconta | risponde

Rosa: "Il nostro primo viaggio a Noto è stato indimenticabile! Una mattina abbiamo visto una strana nuvola scura nel cielo azzurrissimo. La forma ad imbuto[1] ci ha subito insospettito[2] e poco dopo abbiamo saputo dell'eruzione dell'Etna. Mi sono preoccupata subito: dovevamo organizzare il viaggio di ritorno con il nostro gruppo in Germania!"

Giulia: "La mia prima reazione invece è stata di grande gioia. Mi piace così tanto la Sicilia e forse potevamo restare ancora un po'! Non era possibile partire dall'aeroporto di Catania, lo avevano chiuso a causa della pioggia di cenere vulcanica[3]."

Rosa: "Sì, ma poi abbiamo trovato la soluzione. Siamo andati in nave in Calabria e da Lamezia Terme abbiamo preso l'aereo per Amburgo. Ad Amburgo siamo addirittura riusciti a prendere il treno su cui avevamo prenotato i posti e siamo arrivati alla stazione di Hannover in perfetto orario! Noi siamo siciliane puntualissime!"

Giulia: "Ci è piaciuta a tutti quest'avventura. E i nostri alunni sono stati bravissimi! Erano entusiasti di poter fotografare di notte il fuoco del vulcano e di poter attraversare lo stretto di Messina via nave. Forse anche il nostro prossimo viaggio sarà così avventuroso".

[1]**imbuto:** Trichter [2]**insospettire:** stutzig machen [3]**cenere vulcanica:** Vulkanasche

Rosa racconta / ha raccontato che …

Regole e sistemi III

Die Wiedergabe von *man muss* …

In un condominio **bisogna / si devono** evitare i rumori molesti.
Non **bisogna / si deve** camminare con le scarpe con il tacco alto.
Non __________ / _____________ sbattere i tappeti dalla finestra.

Im Italienischen gibt es verschiedene Möglichkeiten, *man muss* auszudrücken:
- durch die unpersönliche Form *bisogna*
- mit *si deve* bzw. *si devono*

Si devono wird benutzt, wenn das Bezugswort im ________________ steht.

5 | Regole per vivere bene in un condominio Completate le frasi e scrivetele nel quaderno.

~~fare chiasso di notte~~ | rispettare l'orario di riposo | passare l'aspirapolvere la sera tardi | lasciare abbaiare i cani di notte | spostare i mobili di notte | mantenere buoni rapporti con tutti i vicini | pagare puntualmente le spese di manutenzione | mettere un avviso quando si fa una festa

Per vivere bene in un condominio …

si deve / bisogna	si devono / bisogna	non si deve / non bisogna	non si devono / non bisogna
______	______	*fare chiasso di notte*	______
______	______	______	______

Regole e sistemi IV

Die Verben *farcela*, *prendersela*, *andarsene* und *fregarsene*

Sie kennen bereits Verben wie *esserci* oder *volerci*, die in fester Verbindung mit einem Pronomen auftreten. Einige Verben sind mit zwei Pronomen verbunden und nehmen dadurch eine neue Bedeutung an:

farcela
(io) **ce la** faccio, (tu) **ce la** ______,
(lui / lei / Lei) **ce** ______, (noi) ______,
(voi) ______, (loro) ______.

prendersela
(io) **me** la prendo, (tu) **te** la ______,
(lui / lei / Lei) ______ la prende, (noi) ______ prendiamo,
(voi) ______,(loro) ______.

andarsene
(io) **me ne** vado, (tu) **te ne** ______,
(lui / lei / Lei) ______ **ne** ______,
(noi) ______ **ne** ______, (voi) ______,
(loro) ______.

Leo non *ce l'ha fatt*a a prendere l'autobus.
I vicini *se la sono pres*___ perché ci siamo lamentati.

fare – machen, aber *farcela (a)* – es schaffen.
prendere – nehmen, aber *prendersela (con / per)* – sich über etwas aufregen, sich ärgern.
andare – gehen, aber *andarsene (da)* – weggehen.
fregare – reiben, scheuern, klauen, aber *fregarsene (di)* – auf jemanden / etwas pfeifen.

Bei der Konjugation von *farcela* wird nur das Verb *fare* konjugiert. Bei *prendersela, andarsene* und *fregarsene* hingegen wird auch das Reflexivpronomen *si* in die jeweilige Person gesetzt. Bei *fregarsene* verhalten sich die Pronomen wie bei ______.

Bei *farcela* und ______ endet das Partizip Perfekt immer auf __.

6 | Un mammone racconta … Inserite negli spazi vuoti i seguenti verbi.

ce l'ho fatta | me ne sono andato | te la prendi | te ne vai | fregatene | me la prendevo | se ne erano andati

Amo la mia famiglia ma ______ durante gli studi universitari. La mia ragazza mi ripeteva continuamente che ero un mammone ed io ______ moltissimo. I miei genitori non potevano pagarmi un affitto extra! I miei compagni mi dicevano: " ______! Perché ______ tanto?" I miei fratelli intanto ______ e un giorno mia madre mi ha detto: "Se ______ anche tu, la casa sarà troppo grande e triste per noi da soli!" È stato difficile prendere una decisione, ma infine ______ e sono partito.

Regole e sistemi V

Der Unterschied zwischen *mentre* und *durante*

1. **Durante le vacanze** mi occupo del gatto della signora Rossi.
2. **Mentre i bambini giocano** noi facciamo quattro chiacchiere.
3. **Mentre lavavo** i piatti **ascoltavo** la radio.

Auf __________ folgt immer ein Substantiv, auf *mentre* hingegen ein __________ bzw. das Subjekt + Verb (Bsp. ___).

Wenn *mentre* eine Gleichzeitigkeit in der Vergangenheit ausdrückt, steht das darauffolgende Verb im *imperfetto* (Bsp. ___).

7 | Nel nostro condominio … Completate le frasi con *mentre* o *durante*.

1. … il portinaio pulisce le scale il lunedì __________ la giornata.
2. … i coinquilini sbrigano le faccende di casa __________ i bambini giocano in cortile.
3. … gli anziani giocano a carte __________ la settimana nel soggiorno condominiale.
4. … la vicina del terzo piano suona il violino __________ suo marito cucina.
5. … ci piace fare quattro chiacchiere fra di noi __________ le feste che organizziamo tra vicini.
6. … molti genitori lavorano tutto il giorno __________ i piccoli sono al nido.
7. … alcuni nonni vengono a trovare i nipoti __________ questi fanno i compiti.
8. … tutti partecipano ai preparativi __________ le feste di Natale.

8 | Kathrin e Manfred vogliono sfatare i pregiudizi. Traducete la loro conversazione.

● *Was hältst du davon, für einige Zeit in Sizilien zu wohnen? Ich könnte für meine Zeitung Berichte über die heutige Lage schreiben und du kannst sowieso überall deine Arbeit ausüben, du brauchst nur deinen Laptop.*

____

____

____

○ *Prima Idee! Die Sizilianer sind kommunikativ und sympathisch. Wo möchtest du denn wohnen?*

____

● *Natürlich in Palermo! Vielleicht schaffen wir es, die Vorurteile zu entkräften …*

____

○ *Salvo, mein sizilianischer Freund, meint* (dire), *dass das Leben in der Altstadt heute besser und die Kriminalitätsrate niedriger seien als in manchen Städten Norditaliens.*

____

____

● *Glaubst du, dass du es schaffen wirst, länger als zwei Wochen dort zu leben?*

____

○ *Na klar! Wir pfeifen auf die Vorurteile der Leute. Und wenn wir es nicht schaffen, können wir immer noch zurückkehren.*

____

____

Test

Qual è la soluzione giusta? Scegliete tra le diverse possibilità quella appropriata.

1. Il turismo etico è un'____ possibilità per visitare la Sicilia.
   - ☐ A maggiore
   - ☐ B ottima
   - ☐ C inferiore

2. Da quando Alberto vive nel Sud mangia ____.
   - ☐ A meglio
   - ☐ B migliore
   - ☐ C più buono

3. A Palermo il tasso di criminalità oggi è ____ a quello di tante altre città italiane.
   - ☐ A inferiore
   - ☐ B meglio
   - ☐ C peggiore

4. *Addio-pizzo* offre assistenza ai ____ che denunciano i loro estorsori.
   - ☐ A consumatori
   - ☐ B commercianti
   - ☐ C clienti

5. Kirstin: "Il mio lavoro mi piace molto." Kirstin ha detto ____.
   - ☐ A che il suo lavoro le piace molto
   - ☐ B che il mio lavoro mi piace molto
   - ☐ C che il suo lavoro le è piaciuto molto

6. Kirstin: "Da qui lavoro alla promozione delle nostre attività." Kirstin ha detto ____.
   - ☐ A che da qui lavora alla promozione delle sue attività
   - ☐ B che da lì lavora alla promozione delle nostre attività
   - ☐ C che da lì lavora alla promozione delle loro attività

7. Gli amici di Kirstin dicono che Palermo è ____.
   - ☐ A pericoloso
   - ☐ B pericolosa
   - ☐ C pericolose

8. Non ce la faccio più ___ sopportare questo chiasso!
   - ☐ A da
   - ☐ B a
   - ☐ C di

9. ● Claudia è triste perché ha litigato con Luca.
   ○ ____
   - ☐ A È vero, non se l'è presa molto.
   - ☐ B È vero, se l'è presa molto.
   - ☐ C È vero, se l'è preso molto.

10. Quando ____ gli studenti?
    - ☐ A se ne va
    - ☐ B si vanno
    - ☐ C se ne vanno

11. Quando si fa una festa si devono preparare ____.
    - ☐ A i dolci
    - ☐ B il dessert
    - ☐ C l'aperitivo

12. ____ il viaggio in ascensore facciamo volentieri quattro chiacchiere con i vicini.
    - ☐ A Mentre
    - ☐ B Durante

13. ____ vado a lavorare accompagno i bambini a scuola.
    - ☐ A Mentre
    - ☐ B Durante

Ripasso 1

1 | Lessico

a Quale parola non fa parte del gruppo?

1. materiali: lana | fibra sintetica | tinta unita | pelle | cotone
2. reazioni emotive: fregarsene | arrabbiarsi | stupirsi | sposarsi | prendersela
3. per strada: la panchina | le cuffie | l'insegna | il cartello | le strisce pedonali
4. i sensi: la vista | il tatto | il gusto | il naso | l'udito
5. modi di essere: egoista | archeologico | furbo | serio | responsabile
6. in un condominio: l'inquilino | l'amministratore | il vigile | il portinaio | il vicino

b Coniugate e inserite i verbi appropriati nelle seguenti frasi.

lamentarsi | disturbare | perdere | poterci credere | bisogna | dare una mano | denunciare | fare | toccare

1. Se facciamo tardi, ______________ il treno!
2. A chi ______________? – A me!
3. Ma che dici, hai vinto al lotto! (io) Non ______________________!
4. I condomini ______________ per ogni rumore!
5. ______________ yoga mi rilasso.
6. (io) Non _______ ancora ___________ il furto del portafogli.
7. ______________ portare fuori il cane.
8. Luca, perché mi ______________ quando lavoro?
9. Ho bisogno d'aiuto, chi mi ______________?

2 | Grammatica Scegliete la forma corretta.

La settimana scorsa mi telefonava / ha telefonato Stefania, una mia vecchia compagna della scuola elementare. L'avevo conosciuta quindici anni fa, quando abitavo a Bologna, ma poi per tanti anni non c'eravamo più viste / non ci vedevamo più. Mi aveva rintracciata telefonando / mentre telefonava a mio fratello a Roma, gli aveva chiesto il mio indirizzo e lui me l' / gliel' aveva dato. Perché / Dato che non la vedevo / l'avevo vista per tutto quel tempo le facevo / ho fatto molte domande. Lei mi ha raccontato / raccontava che a diciotto anni aveva saputo da conoscenti che i suoi genitori non erano quelli naturali ma che l'avevano adottata / adottavano. All'inizio se l'era presa / se l'era preso moltissimo, andava via / era andata via di casa e aveva passato proprio un periodone / periodaccio. Ho avuto una grande voglia di abbracciarla e gliel' / te l' ho detto. Mi ha chiesto / chiedeva se portavo ancora scarpe di / da tennis, di / da tela verde chiaro / chiare. Avevo / Avrò proprio dimenticato questa mia abitudine! Poi, mentre / durante la telefonata, mia figlia cominciava / ha cominciato a piangere e ho dovuto interrompere la conversazione. Non so se ce la farò / ce l'ho fatta ad incontrarla quest'anno ma ci proverò.
Non si deve / devono perdere di vista i vecchi amici, sono testimoni[1] importanti di un tempo passato.

[1] **testimone:** Zeuge

3 | Comunicazione Formulate le domande adatte alle seguenti risposte.

1. ● ______________________________ ○ Mi arrabbio perché Lei ha parcheggiato sulla pista ciclabile.
2. ● ______________________________ ○ Nella tasca posteriore dei jeans.
3. ● ______________________________ ○ Perché non ce la faccio più a sopportare le liti dei vicini.

4 | Comprensione scritta

a Leggete il testo sulla *Focacceria* di Palermo e scegliete il titolo più adatto.

L'antica Focacceria San Francesco: …

☐ 1. … uno dei tanti locali di Palermo.
☐ 2. … un locale che ha detto "no" ai ricatti.
☐ 3. … una nuova trattoria a Palermo.

Nel 1834, dopo 25 anni passati lavorando come maestro di cucina per una famiglia nobile di Palermo, Salvatore Alaimo riceve in dono la cappella sconsacrata[1] di un antico palazzo nel cuore della città. Alaimo decide di farne un locale e di dare la possibilità di mangiare la carne anche alla gente povera. In seguito anche personaggi famosi come Garibaldi, Pirandello e Sciascia diventano frequentatori abituali e il locale si trasforma in un caffè letterario.

Cresce la volontà di una scelta etica e civica di rispetto verso i collaboratori e i clienti. Oggi vengono selezionati con cura i migliori fornitori tra aziende socialmente responsabili. I piatti tradizionali siciliani, come la famosa focaccia[2] con la milza[3] e la ricotta, vengono preparati ancora artigianalmente controllando la qualità del cibo dall'origine fino sulla tavola del cliente.

L'Antica Focacceria San Francesco dei fratelli Conticello, eredi di Salvatore Alaimo, è stata tra le prime aziende ad aderire al progetto "Pago chi non paga". Si tratta di una campagna di Addiopizzo che è partita proprio da Palermo per sensibilizzare i consumatori a scegliere in modo critico negozi e locali che non cedono[4] alla pressione di ricatti, ma sostengono un mercato trasparente e giusto.

Nel 2013 nasce la collaborazione tra l'Antica Focacceria ed il Gruppo delle librerie Feltrinelli, entrambe condividono l'impegno civile e vogliono promuovere e diffondere la cultura anche attraverso il cibo. L'Antica Focacceria è segnalata nelle maggiori guide gastronomiche e raccomandata dall'associazione Slow Food.

[1] **sconsacrata:** entweiht [2] **focaccia:** *hier:* belegtes Brötchen [3] **milza:** Milz [4] **cedere:** nachgeben

b Rileggete il testo e mettete una crocetta sulle affermazioni corrette.

☐ 1. Salvatore Alaimo era un nobile.
☐ 2. La Focacceria San Francesco si trova nei locali di un'antica chiesa.
☐ 3. La cucina oggi è internazionale.
☐ 4. "Pago chi non paga" è un progetto di consumo critico.
☐ 5. La cultura di un paese è rappresentata anche dalla sua cucina.
☐ 6. L'Antica Focacceria San Francesco è oggi molto conosciuta ed apprezzata.

5 | Espressione scritta Scrivete una cartolina dopo una visita alla Focacceria San Francesco e raccontate cosa avete saputo di questo locale di Palermo.

Ciao Anne … ______________________________

4 Ti piace leggere?

1 | Che cosa si legge? Mettete in ordine le sillabe e scrivete i tipi di letture.

1. man | zo | ro ______	8. gio | sag ______
2. to | met | fu ______	9. na | le | set | ma | ti ______
3. vi | sta | ri ______	10. con | to | rac ______
4. ba | fia ______	11. lo | gial ______
5. si | le | men ______	12. da | gui ______
6. si | a | e | po ______	13. gra | o | bi | a | fi ______
7. no | dia | ti | quo ______	14. ta | sy | fan ______

2 | Come nasce un libro? Unite le frasi.

☐ 1. L'autore / L'autrice ha	A al favore del pubblico.
☐ 2. La casa editrice riceve	B in libreria.
☐ 3. Se il manoscritto viene	C ai distributori librari e alle librerie.
☐ 4. Il libro viene pubblicato ed esce	D un'idea per un nuovo libro e lo scrive.
☐ 5. La casa editrice invia le copie del libro	E un sito di vendita online.
☐ 6. Molti lettori comprano il libro	F il manoscritto dall'autore / autrice.
☐ 7. Altri comprano il libro su	G sul mercato.
☐ 8. Il successo del libro è legato	H accettato si fanno modifiche e correzioni.

3 | Un libro che consiglierei Leggete e completate le parole con le vocali mancanti.

1. A me piace leggere i cl__ss__ci. L'ultimo libro che ho letto, però, era di un autore c__nt__mp__r__n__o. Mi è stato pr__st__to da un amico e mi è pi__ci__to molto. È un romanzo __sc__to qualche anno fa ed è __mbi__nt__to nella Russia degli anni '30 e '40. La storia è tr__ste, ma molto __vv__nc__nte. Racconta di un giovane pianista che perde tutto: amore, genitori e carriera.

2. Io leggo volentieri biografie. Ora ne sto l__gg__nd__ una di Coco Chanel che c__ns__gl__o a chi s'interessa di moda. Me l'ha r__gal__ta un'amica con cui ero andata a vedere il film "Coco avant Chanel". Nel film il r__ol__ pr__nc__p__le è __nt__rpr__t__to dall'attrice francese Audrey Tautou. Il film era certamente interessante, ma il libro è più informativo.

3. A me pi__cci__no molto i romanzi e i racconti, ma non ho un autore pr__f__r__to. Purtroppo non ho molto tempo, quindi nei r__t__gli di tempo preferisco leggere il gi__rn__le per essere informata. Qualche volta riesco a leggere un racconto breve. Ho appena comprato un libro del pr__m__o Nobel Alice Munro, ma non ho ancora in__zi__to a leggerlo.

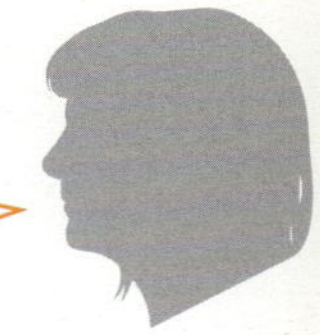

4 | Ti sembra una buona idea? Completate il testo con le espressioni date.

e quindi | infatti | insomma | anzi | innanzitutto | inoltre | così | certo

Caro zio,
mi chiedi se mi sembra una buona idea regalare un *e-book reader* a Giorgia. Non so, secondo me non lo è tanto, ____________ forse non lo è per niente. ____________ Giorgia sta già tutto il giorno davanti allo schermo e ha un po' di problemi con gli occhi, ____________ la sera preferisce leggere piuttosto che guardare la tivù. ____________, l'*e-book reader* potrebbe servirle in vacanza, ma forse non sai che Giorgia non si porta mai dietro libri, preferisce comprarli sul posto e poi lasciarli lì, ____________ qualcuno li trova e li legge, almeno è quello che spera. ____________ per lei è importante tenere in mano il libro cartaceo e sentire l'odore della carta, come dice sempre. ____________, come puoi capire, l'*e-book reader* non sarebbe un regalo molto adatto. Se posso darti un consiglio, perché non le compri un dizionario italiano - tedesco? Sai, ha ripreso a studiare il tedesco ____________ un regalo così le farebbe certamente piacere.
Ci vediamo la settimana prossima?
Un caro saluto
Pino

5 | Fare un reclamo Completate il dialogo con il commesso della libreria.

● Buongiorno, posso aiutarLa?

Sie bejahen und sagen, dass Sie vor zwei Tagen ein Wörterbuch gekauft haben und zeigen es. Sie fügen hinzu, dass Sie zuhause bemerkt haben, dass der Umschlag beschädigt ist und dass einige Seiten schlecht gedruckt sind. Sie zeigen ihm das Buch.

○ ______________________________
____
____
____

● Già, ha ragione. Se ha lo scontrino, Glielo cambio subito.

Sie bedanken sich und fügen hinzu, dass Sie es Ihrer Enkelin schenken wollten, dass Sie nun aber nicht mehr so sicher sind.

○ ______________________________
____
____

● Se vuole può scegliere un altro libro.

Sie antworten, dass Sie jetzt nicht wissen welches.

○ ______________________________
____

● Allora Le faccio un buono.

Sie finden es eine sehr gute Idee und bedanken sich.

○ ______________________________

Regole e sistemi I

Wiederholung: **Die Relativpronomen**

a *Che* und *cui*

Die Relativpronomen *che* und *cui* sind unveränderlich.

1. La polizia ha ritrovato le ragazze **che** erano scomparse un mese fa.
2. Il libro **che** mi hai prestato mi è piaciuto molto.
3. Qual è il titolo del best seller **di cui** tutti parlano?
4. L'amico **con cui** sono stato in Francia è inglese.

Che kann sich auf Personen oder Sachen, auf ein Subjekt (Bsp. ______) oder Objekt (Bsp. ______) beziehen.

In Verbindung mit einer ____________ wird das Relativpronomen *cui* benutzt.

b *Il / la quale*

Il / La quale wird meist im Schriftlichen verwendet und hat dieselbe Bedeutung wie *che* und *cui*.

1. Il libro è la biografia di uno scienziato **il quale** ha ricevuto il premio Nobel per la fisica.
2. È la storia di una coppia **la** __________ si separa dopo 30 anni di matrimonio.
3. La protagonista incontra un uomo **per** __________ lascerà la famiglia.
4. Sono borghi **nei** __________ è meglio andare con una guida.

Im Gegensatz zu *che* und *cui* ist *il / la quale* veränderlich und richtet sich in Geschlecht und Zahl nach seinem Bezugswort. Im Singular verwendet man ______________, im ______________ *i / le quali*. Wenn vor *il / la quale* bzw. *i / le quali* die Präpositionen *a, da, di, in, su* stehen, verschmelzen diese mit dem ______________.

6 | Tre classici fra i libri di cucina

a Leggete il testo e rispondete: quale delle tre opere ha avuto più lettori nel corso degli anni?

"La scienza in cucina e l'arte di mangiar bene", "Il talismano della felicità" e "Il cucchiaio d'argento": sono libri con i quali ormai generazioni di italiani hanno imparato a cucinare e che ancora oggi continuano ad essere usati.

"La scienza in cucina …" che è più noto come "L'Artusi", dal nome del suo autore Pellegrino Artusi, è stato pubblicato nel 1891 ed è il primo libro di cucina nel quale si trovano riunite ricette delle varie regioni d'Italia. L'opera, di cui si contano 111 edizioni[1], non è più stata modificata[2] dopo la morte dell'autore, avvenuta nel 1911, ed è considerata un'opera letteraria.

Il libro di Ada Boni, **"Il talismano della felicità"**, è stato pubblicato per la prima volta nel 1929. L'autrice l'ha scritto esplicitamente per aiutare le giovani spose ed è forse questo il motivo per cui ancora oggi è un gradito regalo di nozze.

Nel 1950 è uscito il terzo libro di grande successo **"Il cucchiaio d'argento"** al quale hanno collaborato vari autori. Oggi è all'ottava edizione e le oltre 2000 ricette, fra cui ci sono anche quelle di cuochi italiani di fama[3] internazionale, sono state continuamente aggiornate seguendo i cambiamenti dei gusti.

[1] **edizione:** Auflage [2] **modificare:** verändern [3] **fama:** Ruhm, Ansehen

b Cercate nell'articolo gli otto pronomi relativi. Con quali forme si possono sostituire? Scrivetele.

1. ______ 2. ______ 3. ______ 4. ______ 5. ______ 6. ______ 7. ______ 8. ______

Regole e sistemi II

a Der Passivsatz

1. Nel libro **sono presentati** 500 piatti regionali.
2. Non sempre il manoscritto **viene accettato**.
3. Il libro **verrà pubblicato** l'anno prossimo.
4. Il ruolo principale **è interpretato** da Raoul Bova.
5. Il film **è stato girato** in pochi mesi.
6. La traduzione **è stata lodata** dalla critica.

In den einfachen Zeiten wird das Passiv mit *essere* bzw. ______________ und dem Partizip Perfekt gebildet, wobei _______________ den Verlauf des Vorgangs betont.
In den zusammengesetzten Zeiten kann das Passiv nur mit der entsprechenden Zeit von ______________ + Partizip Perfekt gebildet werden (Bsp. _____ , _____).
Vor der handelnden Person steht die Präposition _____ (Bsp. _____ und ______).

b Die Angabe der Jahrhunderte

Le fiabe dei fratelli Grimm sono uscite …
… nel **XIX** _______________.
… nel **diciannov** _______________ secolo.

… nell'**800**.
… nell'**Ottoc**____________.

Die Jahrhunderte werden im Italienischen mit den römischen Zahlen angegeben. Die Ordnungszahl kann auch in Worten ausgeschrieben werden. Für den Zeitraum von 1200 bis _______________ gibt es eine vereinfachte Variante mit der Kardinalzahl und ohne das Wort *secolo*: il '200 (Duecento) = 1200 – 1299; il '400 (Quattrocento) = _______________

7 | Breve storia di un romanzo famoso

a Completate con i verbi al presente della forma passiva.

Il libro *viene scritto* (scrivere) negli anni '50 del secolo scorso da un principe siciliano, allora completamente sconosciuto come autore. Il principe manda il manoscritto a due case editrici, ma questo _______________ (rifiutare) da tutte e due. Il romanzo _______________ (pubblicare) però da una terza casa editrice un anno dopo la morte dell'autore.
Nel 1959 gli _______________ (assegnare) il Premio Strega, un premio letterario molto prestigioso[1].
Il successo è enorme e in pochissimo tempo ne _______________ (vendere) più di 100.000 copie.
Nel 1963 ne _______________ (trarre) un film omonimo[2], in cui il ruolo da protagonista _______________ (interpretare) da Burt Lancaster e altri due ruoli importanti _______________ (affidare[3]) ai due giovani attori Alain Delon e Claudia Cardinale. Nel 1991 il film _______________ (restaurare) dalla Cineteca Nazionale e nel 2008 _______________ (mettere) sulla lista dei 100 film italiani da salvare.

[1] **prestigioso:** bedeutend [2] **omonimo:** gleichnamig [3] **affidare qc a qn:** jdm etw. anvertrauen

b Avete riconosciuto il romanzo? Riscrivete il testo usando la forma passiva al passato.

Il libro è stato scritto ____
____
____
____

8 | Scrivete i secoli in parole.

'800 | '400 | XX | XVII | '200 | XIV

1. l'Ottocento ______ 3. il ______ secolo 5. il ______
2. il ______ 4. il ______ secolo 6. il ______ secolo

Regole e sistemi III

Das *passato remoto*

Das *passato remoto* wird vorwiegend in der Schriftsprache verwendet. Es wird jedoch auch im Mündlichen, vorwiegend in Mittel- und Süditalien, benutzt.

	andare	dovere	uscire
io	and**ai**	dov**ei/-etti**	usc**ii**
tu	and**asti**	dov**esti**	usc**isti**
lui/lei/Lei	and______	dov**é/-ette**	usc______
noi	and**ammo**	dov**emmo**	usc**immo**
voi	and**aste**	dov**este**	usc**iste**
loro	and______	dov**erono/-ettero**	usc______

Im Zusammenspiel mit dem *imperfetto* übernimmt es die Funktion des *passato prossimo*. Anders als die Verben auf *-are* und *-ire*, haben die meisten Verben auf *-ere* im *passato remoto* unregelmäßige Formen.

Bei den meisten Verben mit unregelmäßigem *passato remoto* sind nur die 1. und 3. Person Singular sowie die 3. Person Plural unregelmäßig, z. B. *volere* ➔ *(io) volli, (lui/lei/Lei) volle, (loro) vollero; venire* ➔ *(io) venni, (lui/…) venne, (loro)* ______; *leggere* ➔ *(io) lessi, (lui/…)* ______, *(loro)* ______

9 | Una biografia: Pellegrino Artusi

a Leggete il testo e abbinate i verbi in grassetto all'infinito sottolineando quello appropriato.

Pellegrino Artusi **nacque (1)** a Forlimpopoli, in provincia di Forlì, nel 1820 in una famiglia numerosa ma benestante[1]. Tra il 1835 e il 1850 **visse (2)** a Bologna, dove frequentò ambienti studenteschi. Dopo il ritorno a Forlimpopoli **si mise (3)** a lavorare nella drogheria del padre. Nel 1951 una banda di briganti entrò in città. Fra le numerose vittime[2] della violenza dei briganti **ci furono (4)** anche gli Artusi. In seguito a questo episodio la famiglia Artusi **decise (5)** di trasferirsi a Firenze. Pellegrino lavorò prima presso una casa commerciale di Livorno, più tardi iniziò una propria attività nel campo della finanza grazie alla quale **raggiunse (6)** una notevole[3] ricchezza. Nel 1870 si ritirò[4] a vita privata per occuparsi delle sue due grandi passioni, la letteratura e la gastronomia. Iniziò a scrivere ricette di cucina, perché, come lui stesso **disse (7)**, amava il bello e il buono. **Raccolse (8)** le ricette nel libro *La scienza in cucina e l'arte di mangiar bene* che, dopo alcuni rifiuti da parte di varie case editrici, fu pubblicato per la prima volta nel 1891.

[1] **benestante:** wohlhabend [2] **vittima:** Opfer [3] **notevole:** bemerkenswert [4] **ritirarsi:** sich zurückziehen

(1) <u>nascere</u> | navigare
(2) vedere | vivere
(3) mettersi | muoversi
(4) esserci | farci
(5) dare | decidere
(6) raggiungere | reagire
(7) dire | dirigere
(8) raccontare | raccogliere

b Quali sono le altre forme del passato remoto presenti nel testo? Indicatele insieme all'infinito.

frequentò (frequentare), ______

Test

Qual è la soluzione giusta? Scegliete tra le diverse possibilità quella appropriata.

1. Quando sono andato a Vienna ho comprato ____ della città.
   - ☐ A la fiaba
   - ☐ B il saggio
   - ☐ C la guida

2. Ho portato indietro il DVD perché aveva un graffio, ma non mi hanno ____ i soldi.
   - ☐ A recuperato
   - ☐ B restituito
   - ☐ C rimesso

3. ____ l'*e-book reader* è leggerissimo ____ spendo meno che con il cartaceo.
   - ☐ A Innanzitutto | invece
   - ☐ B Quindi | però
   - ☐ C Per prima cosa | inoltre

4. Il romanzo *Io non ho paura* è stato scritto ____ Niccolò Ammaniti.
   - ☐ A di
   - ☐ B da
   - ☐ C del

5. Le fiabe tedesche ____ fratelli Grimm.
   - ☐ A sono state raccolte da
   - ☐ B vengono raccolte dai
   - ☐ C sono state raccolte dai

6. Ihre Bücher werden in viele Sprachen übersetzt.

   I suoi libri ____ tradotti in molte lingue.
   - ☐ A diventano
   - ☐ B vengono
   - ☐ C sono stati

7. È un film di ____ ho già sentito parlare.
   - ☐ A quali
   - ☐ B quale
   - ☐ C cui

8. I libri fantasy sono quelli con i ____ mi rilasso di più.
   - ☐ A quali
   - ☐ B cui
   - ☐ C quale

9. Die Geschichte ist im 14. Jh. angesiedelt.

   La storia è ambientata nel ____ secolo.
   - ☐ A '300
   - ☐ B XIV
   - ☐ C Quattrocento

10. Leopardi ist ein Dichter des 19. Jahrhunderts.

    Leopardi è un poeta ____.
    - ☐ A del Novecento
    - ☐ B del XIX
    - ☐ C dell'800

11. Leopardi ____ nel 1798 e ____ nel 1837.
    - ☐ A nacque | morii
    - ☐ B nacqui | morii
    - ☐ C nacque | morì

12. Alessandro Manzoni si ____ due volte.
    - ☐ A sposai
    - ☐ B sposò
    - ☐ C sposammo

13. L'autore del libro crebbe in un ambiente cittadino.

    L'infinito di "crebbe" è ____.
    - ☐ A credere
    - ☐ B crescere
    - ☐ C chiedere

14. Quando sono stanco ____ leggere ascolto un audiolibro.
    - ☐ A invece
    - ☐ B quindi
    - ☐ C invece di

5 Cosa conta nella vita

1 | Per una buona qualità della vita Completate l'elenco con le date. Due parole sono in più.

paesaggio | istruzione | equilibrio | qualità | salute | istituzioni | sicurezza | economico | relazioni | culturale

1. politica e______________________
2. benessere ______________________
3. ______________________ sociali e familiari
4. ______________________ dei servizi
5. ______________________ e formazione
6. ambiente e ______________________
7. patrimonio ______________________
8. ______________________ fra lavoro e vita privata

2 | Che cosa dicono le persone? Riordinate e scrivete le parole marcate al posto giusto.

Mariella: **Contino** (1) che vivere in un **scelte** (2) pulito sia fondamentale.
Luisa: Per me è **trovo** (3) poter soddisfare i miei **sereni** (4) culturali.
Davide: **A me** (5) ritengo importante che i miei figli crescano **realizzazione** (6).
Matteo: Mi pare che per quasi tutti **importante** (7) le stesse cose, ma che cambino le priorità.
Nina: **Io** (8) sembra che una cosa fondamentale sia la **interessi** (9) della propria personalità.
Paolo: Ritengo importante che i figli possano fare **ambiente** (10) consapevoli e autonome.

(1) __________ (3) __________ (5) __________ (7) __________ (9) __________
(2) __________ (4) __________ (6) __________ (8) __________ (10) __________

3 | Prodotti agricoli o industriali? Scrivete le parole accanto alla categoria adatta. Le lettere che rimangono danno il nome di un animale da cortile[1].

GLEGNAUOVAFRIGORAVANELLIABICIPOMODORICELLULARELPANNOCCHIEAU TOLPISELLIMELANZANEIPORTATILENFAGIOLIASTUFA

prodotti agricoli: ______________________
prodotti industriali: ______________________

soluzione: _ _ _ _ _ _ _

[1] **animale da cortile:** Hoftier

4 | Ingredienti della vita frugale di Devis

Ricordate il testo a pag. 58 di *Con Piacere B1*? Abbinate i verbi alle frasi di Devis.

1. abbandonare	☐ a tempo pieno all'orto, ai campi e alla serra
2. trasferirsi	☐ in campagna
3. riscaldare	☐ solo una volta ogni tanto per olio, pastasciutta e pane
4. vendere	☐ l'automobile
5. girare	☐ l'impiego in città
6. rinunciare	☐ la casa solo con una stufa a legna
7. vivere	☐ una casa di proprietà
8. dedicarsi	☐ delle uova delle proprie galline e di ciò che cresce nel campo
9. spendere	☐ al frigo, alla tivù
10. avere	☐ in bicicletta

Regole e sistemi I

Wiederholung: Die Wiedergabe von *etwas brauchen*

Per vivere bene **ho bisogno di** poche cose.
Quali beni materiali **ti servono** per essere felice?
A Devis la TV non __________, _____ **servono** invece il cellulare e il pc con connessione Internet.

Etwas brauchen kann mit *aver bisogno di* ausgedrückt werden oder mit *servire*. Bei der Wiedergabe mit *servire* wird das deutsche Subjekt zum indirekten Objekt (Pronomen) ➔ *a Devis / gli servono.*

5 | *Aver bisogno di* e *servire*

Riscrivete le frasi con *servire* o con *aver bisogno di.*

1. Per il mio lavoro ho bisogno della macchina. *Per il mio lavoro mi serve la macchina.*
2. Il cellulare mi serve solo quando esco. __________
3. Carlo ha bisogno di un pc più veloce. __________
4. A Emma servirebbe l'aiuto di un vero amico. __________
5. Ti servono veramente queste app? __________
6. Se avete bisogno di 500 euro, ve li presto io. __________
7. Se ti serve la mia bici, dimmelo! __________
8. I tuoi consigli non ci servono. __________

Regole e sistemi II

a Der *congiuntivo presente*: Formen

Der *congiuntivo presente* der Verben mit regelmäßiger Konjugation im Indikativ Präsens:

	guardare	scrivere	partire	finire
io	guardi	______	______	______
tu	______	scriva	______	______
lui / lei / Lei	______	______	parta	finisca
noi	guard**iamo**	______	______	______
voi	guard**iate**	______	part**iate**	______
loro	______	scriv**ano**	______	______

Die Verben auf ______ und ______ haben im *congiuntivo presente* dieselben Endungen. Alle drei Konjugationen enden bei der 1. Person Plural auf ______ und bei der 2. Person Plural auf ______.

Der *congiuntivo presente* der Verben mit unregelmäßiger Konjugation im Indikativ Präsens:

	______	______	andare	volere	uscire
io	abbia	sia	______	vog**lia**	es**ca**
tu	______	______	______	______	______
lui / lei / Lei	______	______	______	______	______
noi	______	______	and**iamo**	vogl**iamo**	usc**iamo**
voi	______	______	______	vogl**iate**	______
loro	ạbbiano	sịano	vạd**ano**	______	ẹsc**ano**

- Die meisten Verben mit unregelmäßigem Indikativ Präsens haben im *congiuntivo presente* die Endungen *-a, -iamo, -iate, -ano*. Dabei werden die Formen des Singulars und die 3. Person Plural von der 1. Person Singular des Indikativ Präsens abgeleitet: *vado* ➔ *vada, posso* ➔ ______*, faccio* ➔ ______.
  Die 2. Person Plural des *congiuntivo presente* wird von der 1. Person Plural des *congiuntivo* abgeleitet: *veniamo* ➔ *veniate, facciamo* ➔ *facc*______*, possiamo* ➔ *poss*______*, diciamo* ➔ *dic*______
- Der *congiuntivo presente* von *avere* und ______________ wird von keiner anderen Verbform abgeleitet. Dasselbe gilt für die Verben *dare (dia), dovere (debba), sapere (sappia)* und *stare (stia).*
  Für **alle** Verben gilt:
- Die 1. Person Plural des *congiuntivo presente* und des Indikativ Präsens sind identisch.
- Um im Singular die Personen auseinanderzuhalten, werden oft die Personalpronomen *io*, ______, ______, ______, und ______ benutzt.

b Der *congiuntivo presente*: Gebrauch

Penso che tu **abbia** ragione.
Tr_ _o che lui **faccia** una bella esperienza.
Ti se_ _ _a che Enzo **sia** sincero?
Sono dell'idea che nella vita contino poche cose.
Mi p_ _e che i bambini siano contenti.
Rit_ _ _o che il lavoro sia fondamentale.

Credo ______ tu abbia ragione. *Ich glaube, dass du …*
Credo **di** aver ragione. *Ich glaube, dass ich …*

Mit dem *congiuntivo* wird eine ______________ Wahrnehmung, z. B. eine Meinung, ausgedrückt. In der Regel steht der *congiuntivo* in einem mit ______ eingeleiteten Nebensatz. Das einleitende Verb des Hauptsatzes wird als *congiuntivo*-Auslöser bezeichnet. Haben Haupt- und Nebensatz dasselbe Subjekt, wird eine Infinitivkonstruktion mit ______ gebildet.

6 | Riconoscete le forme verbali? Scrivete le forme accanto alla categoria corretta.

vado | andiate | andiamo | usciamo | esca | usciate | tenete | tengano | tieni | beve | beviamo | bevano | vogliamo | voglio | vogliano | spenga | spegnete | spegni | salite | salga | salgano | dici | dica | diciate

Indicativo presente ______________________________
Congiuntivo presente ______________________________
Indicativo e congiuntivo ______________________________

7 | Qualche verbo irregolare Completate le quattro coniugazioni.

	io	tu	lui/lei/Lei	noi	voi	loro
dare	dia	________	________	________	diate	dịano
dovere	________	debba	________	________	________	dẹbbano
sapere	________	________	sappia	________	sappiate	________
stare	stia	________	________	________	________	stịano

8 | Quale verbo scegliere? Completate le frasi con i verbi dell'esercizio 7.

1. Pensi che ____________ bene insieme Sara e Salvo?
2. Credi che Carletto ____________ già cosa conta nella vita?
3. Penso che Cinzia ____________ ancora imparare ad essere autonoma.
4. Ritengo importante che i ragazzi ____________ fare le scelte giuste.
5. Mi pare che Diego e Bianca ____________ troppa importanza al lavoro.
6. Per il vostro futuro ritengo importante che voi ____________ bene l'inglese.

9 | Franco pensa che / di ... Riportate nel quaderno i suoi pensieri usando il congiuntivo o *di* + infinito.

1. La famiglia e gli amici sono importanti. | 2. Io vivo meglio in coppia che da solo. | 3. Frequentare i siti d'incontri può essere pericoloso. | 4. Spesso i single sono persone difficili. | 5. In Internet non si trovano veri amici. | 6. Non dedico abbastanza tempo alla famiglia. | 7. È difficile trovare un buon equilibrio fra lavoro e vita privata. | 8. Con l'età la salute diventa sempre più importante. | 9. Io non posso rinunciare ai comfort.

10 | Ognuno ha le sue idee. Completate i tre minidialoghi in italiano.

Sie sagen, dass Sie nicht einverstanden sind. Sie denken, dass die Hilfsbereitschaft eher vom Charakter der Personen abhängt und nicht von ihrem Zivilstand (stato civile).

● A me sembra che i single passino più tempo ad aiutare amici e parenti.

○ ____________________________________
____
____

Sie hingegen finden, dass es möglich ist und dass es natürlich von den eigenen Prioritäten und Überzeugungen (la convinzione) *abhängt.*

■ Non mi pare che si possa rinunciare a lungo alle cose materiali.

□ ____________________________________
____
____
____
____

Sie hingegen sind der Meinung, dass viele Leute die Singlebörsen mit ernsthaften Absichten besuchen. Sie fügen hinzu, dass Sie einige Paare kennen, die sich im Internet kennengelernt haben.

● Secondo me chi frequenta i siti d'incontri lo fa soprattutto per passatempo.

○ ____________________________________
____
____
____
____

Regole e sistemi III

a Das *futuro anteriore* zum Ausdruck einer Vermutung

Che fine ________ **fatto** Ida? Non l'ho più vista.
Was wird aus Ida (wohl) geworden sein?
Grazia e Donato non sono venuti a luglio al matrimonio di Rita ________ **stati** in vacanza.
Sie werden (wohl) in Urlaub gewesen sein.

Mit dem *futuro anteriore* kann man eine auf die ______________ bezogene Vermutung ausdrücken. Gebildet wird es aus dem *futuro semplice* von *avere* bzw. _____________ und dem Partizip Perfekt des Verbs.

b Unterschiedliche Bedeutung einiger Verben im *passato prossimo* und *imperfetto*

1. **Ho saputo** che vi siete fidanzati!
2. Lo **sapevi** che Edo è sposato?
3. **Ho conosciuto** Annamaria ieri.
4. Tu **conoscevi** il ragazzo di Pia?

Das Verb *sapere* hat im *passato prossimo* die Bedeutung ________________ (Bsp. 1). Im *imperfetto* bedeutet es ________________ (Bsp. 2). *Conoscere* wird im *passato prossimo* mit ___________ wiedergegeben (Bsp. 3), im *imperfetto* mit ___________ (Bsp. 4).

11 | Sarà andata ... Con gli elementi dati formulate delle ipotesi per ogni situazione.

~~andare al cinema~~ | incontrare finalmente l'uomo giusto | dormire male | dimenticare di accendere il cellulare | ottenere un aumento di stipendio | litigare con la moglie | uscire con il cane | ricevere una brutta notizia

1. Questo pomeriggio ho telefonato più volte a Sara, ma non ha mai risposto.
   Sarà andata al cinema, ________________________________
   ____
2. Diego oggi mi sembra piuttosto di cattivo umore.
   ____
   ____
3. Da un po' di tempo la capoufficio è più rilassata.
   ____
   ____

12 | Non lo sapevo! Scegliete tra il passato prossimo e l'imperfetto dei verbi *sapere* e *conoscere*.

1. ● Tu ____________ (sapere) che Barbara e Antonio si sono separati?
   ○ Sì, l'____________ (sapere) la settimana scorsa proprio da Barbara.
2. ● Voi quando ____________ (sapere) che il Comune amplierà la zona pedonale[1]?
   ○ L'abbiamo letto ieri sul giornale.
3. ● Papà, tu e la mamma all'università già ____________ (conoscersi), vero?
   ○ No, allora ancora non ____________ (conoscersi). ____________ (conoscersi) più tardi a una festa.
4. ● Mario, è vero che conosci Umberto Eco di persona?
   ○ Certo, l'____________ (conoscere) anni fa durante una conferenza.

[1] **ampliare la zona pedonale:** Fußgängerzone erweitern

Test

Qual è la soluzione giusta? Scegliete tra le diverse possibilità quella appropriata.

1. Noi riscaldiamo con una stufa a ____.
   - ☐ A legno
   - ☐ B legna
   - ☐ C serra

2. Per me è importante ____ i miei interessi culturali.
   - ☐ A svolgere
   - ☐ B fuggire
   - ☐ C soddisfare

3. È fondamentale poter fare scelte ____.
   - ☐ A consapevoli
   - ☐ B portatili
   - ☐ C inferiori

4. Per vivere ho ____ poche cose.
   - ☐ A bisogno
   - ☐ B servono
   - ☐ C bisogno di

5. Il pc ed il cellulare mi ____ per il mio lavoro.
   - ☐ A servono
   - ☐ B ho bisogno
   - ☐ C serve

6. ____ Devis è un ragazzo coraggioso.
   - ☐ A Mi pare
   - ☐ B Secondo me
   - ☐ C Credo

7. Credi che ____ possibile rinunciare all'auto?
   - ☐ A sei
   - ☐ B è
   - ☐ C sia

8. Trovo che i ragazzi ____ bene ad andare all'estero.
   - ☐ A facciate
   - ☐ B facciano
   - ☐ C fanno

9. Credo ____ puntuale.
   - ☐ A che sono
   - ☐ B che io sia
   - ☐ C di essere

10. ____ da Maria che Fabio e Pia si sono lasciati.
    - ☐ A Ho saputo
    - ☐ B Sapevo

11. Tu ____ che Fabio e Pia ____ dai tempi dell'università?
    - ☐ A hai saputo | si sono conosciuti
    - ☐ B sapevi | si conoscevano
    - ☐ C sapevi | si sono conosciuti

12. Non ____ questo aspetto del suo carattere.
    - ☐ A ho conosciuto
    - ☐ B conoscevo

13. Du wirst wohl an deine Zukunft gedacht haben, hoffe ich.

    ____ al tuo futuro, spero?
    - ☐ A Hai pensato
    - ☐ B Penserai
    - ☐ C Avrai pensato

14. Was wird wohl geschehen sein?

    Cosa ____ successo?
    - ☐ A è
    - ☐ B sarà
    - ☐ C sia

++ Test +

6 Che colore ha il tuo lavoro?

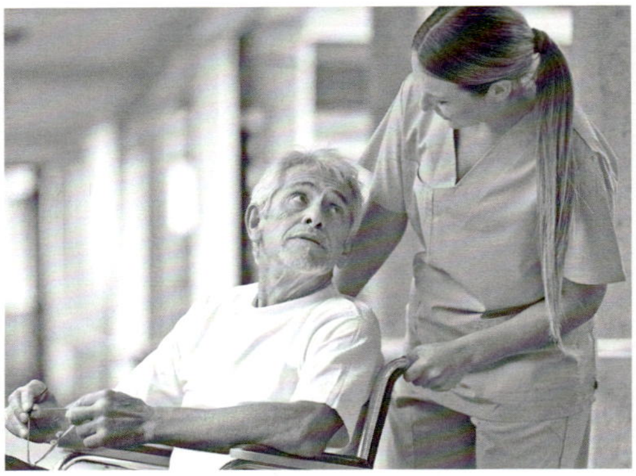

1 | Abbigliamento da lavoro Mettete in ordine le sillabe. Quali abiti e accessori trovate?

1. ce | mi | ca ______________________
2. ta | tu ______________________
3. sco | ca ______________________
4. to | el | met ______________________
5. le | biu | grem ______________________
6. sa | di | vi ______________________
7. me | for | uni ______________________
8. ti | guan ______________________
9. ni | ca | tu ______________________
10. leur | tail ______________________

2 | Quanti lavori! Individuate i 15 lavori nascosti.

V	A	S	A	I	O	C	R	W	L	M	E	C	C	A	N	I	C	O	B	R	O	X	R	P	T
I	E	L	E	T	T	R	I	C	I	S	T	A	L	U	L	S	C	R	I	T	T	O	R	E	D
O	R	A	F	O	I	L	E	C	O	N	S	U	L	E	N	T	E	G	V	E	T	R	A	I	O
B	E	F	A	B	B	R	O	V	I	D	R	A	U	L	I	C	O	X	O	P	E	R	A	I	O
A	R	T	I	G	I	A	N	O	E	G	O	O	M	U	R	A	T	O	R	E	B	E	B	L	E
X	C	I	M	B	I	A	N	C	H	I	N	O	H	C	A	L	Z	O	L	A	I	O	X	L	E
C	L	I	B	E	R	O	P	R	O	F	E	S	S	I	O	N	I	S	T	A	N	A	R	E	V

3 | Le qualità delle professioni Completate le frasi con le parole adatte.

concentrazione | curioso | creativo | paziente | flessibile | disponibilità | dinamismo | forza

1. Un insegnante deve essere molto ______________ con gli scolari che non capiscono la matematica.
2. Un giornalista ______________ riesce a trovare tante notizie che interessano i lettori.
3. Il lavoro del pittore è un lavoro molto ______________.
4. Senza una buona dose di ______________ un fabbro non potrà fare il suo lavoro.
5. La ______________ è una qualità indispensabile per un segretario che vuole piacere al suo capo.
6. Il ______________ è assolutamente necessario per un'imprenditrice di successo.
7. Con i diversi turni di lavoro, per fare l'infermiera devi essere ______________.
8. Per fare bene ogni lavoro ci vuole ______________.

Regole e sistemi I

Die Wiedergabe von *jemanden etwas tun lassen*

1. Luisa **fa riparare** la lavastoviglie dal tecnico.
2. Il mio capo ormai ha fiducia in me, mi **lascia organizzare** il lavoro da solo.

Um auszudrücken, dass **etwas veranlasst** wird, benutzt man ____________ + Infinitiv (Bsp. ____).

Um auszudrücken, dass jemand **etwas zulässt**, verwendet man ____________ + Infinitiv (Bsp. ____).

4 | *Far fare o lasciar fare?* Quattro apprendisti parlano delle loro esperienze. Inserite il verbo adatto. Che lavoro fanno Luisa, Paola, Luca e Umberto? (Ogni persona usa tutti e due i verbi).

Sai, all'inizio lo chef non mi lasciava ____________ fare niente da sola, non si fidava. Ora invece mi ha dato un compito preciso, mi ____________ preparare sempre gli antipasti!

1. Luisa è ____________

A me, il primo giorno, mi ha ____________ preparare il caffè per i clienti e basta. Ora mi ____________ già partecipare attivamente all'organizzazione dell'ufficio, così imparo sempre di più.

2. Paola fa la ____________

Eh sì, bisogna avere proprio pazienza! Quando ho cominciato il titolare del negozio mi ____________ lavare i capelli. Dovevo fare pochissimo. Che noia! Poi un cliente molto gentile ha detto: "Gli ____________ anche tagliare i capelli, mi sembra bravo!" E così ho avuto il permesso dal capo.

3. Luca è ____________

Da bambino passavo molto tempo ad osservare il lavoro di mio padre. Ero curioso e lui mi ____________ lavorare al tornio anche se ero piccolo. Oggi mi ____________ spedire i nostri prodotti in tutto il mondo … io so l'inglese, lui no!

4. Umberto fa il ____________

Regole e sistemi II

Unpersönliche Formen als Konjunktivauslöser

È necessario che tu abbia uno stipendio fisso.
È importante che Mario trov__ un lavoro.
Basta che gli impiegati lavor_______ meglio.
Bisogna che voi arriv_______ in orario.

È necessario **avere** uno stipendio fisso.
È importante **trovare** un buon lavoro.
Basta **studiare** di più per ottenere un buon risultato.
Bisogna **pagare** bene gli impiegati.

Nach unpersönlichen Verben und Ausdrücken wie *è necessario* / ____________ oder *basta* / ____________, steht *che + Konjunktiv*, um eine Aussage über eine Person oder Sache zu treffen.
Ist das ____________ im Nebensatz unbestimmt, wird eine Infinitivkonstruktion gebildet.

5 | Corso di formazione per esperti di energia eolica Ecco il discorso di inizio corso. Inserite negli spazi vuoti i seguenti verbi e coniugateli se necessario.

aggiornarsi | avere (2×) | fare | portare | conoscere | essere | rispettare | sviluppare | lavorare

Cari stagisti, per avere successo in questa attività …

1. … è necessario ______________ una mente lucida e flessibile.
2. … basta che voi ______________ lo spirito giusto.
3. … bisogna ______________ frequentando diversi corsi.
4. … è molto importante che durante il lavoro tutti ______________ le norme di sicurezza.
5. … è necessario che voi ______________ l'elmetto durante le ore di servizio.
6. … è importante che chi lavora in questo settore ______________ le nuove leggi in materia.
7. … bisogna che voi ______________ disposti a trasferirvi per brevi periodi anche all'estero.
8. … è importantissimo saper ______________ con altri colleghi.
9. … basta che voi ______________ questo lavoro con concentrazione.
10. … bisogna ______________ un forte interesse per le energie rinnovabili.

Regole e sistemi III

Weitere Konjunktivauslöser

1. **Sono contento che** tu faccia questo lavoro con lo spirito giusto.
2. **Temo che** non ci sia_____ più camici puliti nell'armadio.
3. **Mi auguro che** i ragazzi si ricord______ di prendere le chiavi di casa.
4. **Spero che** l'operaio po________ riparare il guasto e **che** io non de________ comprare una lavastoviglie nuova.

Verben und Ausdrücke der **Gefühlsäußerung** (Bsp. ______), des **Zweifels** (Bsp. ______), der **Hoffnung** (Bsp. ______) und der **Erwartung** (Bsp. ______) bilden eine weitere Gruppe von Konjunktivauslöser.

6 | Quanti verbi! Mettete i verbi nel gruppo a cui appartengono.

temere | sperare | avere paura | è importante | volere | non sapere se | basta | desiderare | dubitare | è necessario | non essere sicuro | essere contento

Wille / Hoffnung / Wunsch
____
____
____

Gefühlsäußerung
____
____
____

Zweifel
____
____
____

unpersönliche Ausdrücke
____
____
____

7 | Che disordine! Mettete in ordine le parti delle frasi e coniugate i verbi al congiuntivo.

1. essere | il fine settimana | bello | il tempo | speriamo che
2. i suoi dipendenti | frequentare | il dott. Neri | i corsi di aggiornamento | desidera che
3. nel Sud dell'Europa | venire finanziato | è necessario che | il settore dell'energia solare
4. a | temo che | l'energia fotovoltaica | non bastare | risolvere | problemi | tutti i | dell'ambiente
5. il meccanico | mio marito | entro domani | la macchina | dubita che | riparare
6. avere | Paolo | per fare l'infermiere | non sono sicura che | abbastanza pazienza

Regole e sistemi IV

Der *congiuntivo passato*

	andare		fare	
io	sia		abbia	
tu	________	**andato/-a**	________	
lui / lei / Lei	________		________	
noi	siamo		________	**fatto**
voi	________	**andati/-e**	abbiate	
loro	________		________	

Der *congiuntivo passato* wird aus dem *congiuntivo presente* von ________ bzw. ________ und dem ________ eines Verbs gebildet. Nach dem Hilfsverb ___________ wird das Partizip Perfekt in Geschlecht und Zahl dem Subjekt angeglichen.

Il rubinetto perde ancora! **Temo che** l'idraulico non lo **abbia riparato** bene.

Credo che il sig. Bossi sia contento che suo figlio Emanuele ________ **scelto** il suo stesso mestiere, cioè quello del vasaio.

Suppongo che molti giovani, che non hanno trovato lavoro in Italia, __________________ (andare) all'estero.

Mit dem *congiuntivo passato* werden Begebenheiten, die in der ___________________ geschehen sind, als subjektive Ansicht, Mein________, Gefühls________, Hoff________ oder Erw________ dargestellt.

8 | Speranze, possibilità, timori ...

Completate le frasi con le forme del congiuntivo passato.

1. Spero che l'elettricista ________________ (ascoltare) il messaggio che ho lasciato sulla sua segreteria telefonica. È proprio urgente, c'è stato un corto circuito!
2. È probabile che il fornaio oggi ________________ (dimenticare) di mettere il sale nei panini.
3. Ormai aspetto da 20 minuti, temo che l'autobus ______________ già _____________ (passare)!
4. Sono contentissima che ieri Roberto ____________________ (superare) l'esame, ora potrà cominciare a lavorare e soprattutto a guadagnare!
5. L'infermiera mi sembra molto stanca oggi, credo che negli ultimi giorni ____________________ (fare) troppe ore di straordinario.
6. È possibile che l'imbianchino _____ già ___________ (venire), e non ___________ ___________ (trovare) nessuno perché eravamo tutti al lavoro.
7. Peccato che il meccanico _________________________ (trasferirsi) a Bologna, ora dobbiamo cercarne un altro.
8. Che disastro! Non credo che _________________________ (essere) una buona idea quella di aver cambiato da sola il tubo della lavatrice! Ora c'è tanta acqua sul pavimento!

Regole e sistemi V

Die Wiedergabe von *man* mit der 2. Person Singular

Si deve fare un apprendistato per diventare falegname.
Non mi **hanno** ancora dato lo stipendio, non è giusto!

Oggi se non **conosci** le lingue non **hai** chance nel mondo del lavoro!

Im Allgemein wird *man* mit ______ wiedergegeben.
Dass stattdessen die ____ Person Plural verwendet werden kann, wissen Sie bereits.

In der Umgangssprache wird *man* auch mit der ____ Person ___________ wiedergegeben.

9 | È così per tanti. Trasformate le frasi usando la seconda persona singolare.

1. Per superare l'esame bisogna studiare molto. ______________________________
2. Si deve leggere il giornale per informarsi. ______________________________
3. È necessario avere soldi, esperienza e coraggio per mettersi in proprio. ______________________________

10 | Nella bottega di un vecchio artigiano Come direste in italiano? Completate il dialogo.

- ● Buongiorno, desidera?
- ○ ______________________________

Guten Tag, dürfen wir uns hier mal umsehen? … Wie viele schöne Sachen in dieser Werkstatt! … Machen Sie das alles alleine?

- ● No, signora, io mi occupo delle cinture e degli oggetti di cuoio e mia figlia degli oggetti in argento.
- ○ ______________________________

Mich würde diese Ledermaske interessieren. Ich kann mir vorstellen, dass Sie sie gemacht haben!? Oh! Sie ist aber schwer! Ich glaube nicht, dass wir sie im Flugzeug mitnehmen können. Könnten Sie sie uns zuschicken?

- ● Certo, signora, non è un problema!
- ○ ______________________________

Ah! Schauen Sie mal, ich glaube, dass meine kleine Nichte sich in diesen Silberring verliebt hat. Ich nehme ihn. Könnten Sie ihn mir als Geschenk einpacken? Nächste Woche hat sie Geburtstag.

- ● Certo, non si preoccupi. Ha visto questi oggetti in legno d'olivo? Li fa un amico, ma sono gli ultimi perché tra poco va in pensione.
- ○ ______________________________

Schade! Sie sind wirklich sehr schön! Aber … werden auch Sie bald aufhören zu arbeiten? Wann gehen denn die Handwerker in Italien in den Ruhestand?

- ● Eh, dipende … Io lavoro in proprio e la mia pensione sarà molto modesta, quindi non smetterò tanto presto!

Test

Qual è la soluzione giusta? Scegliete tra le diverse possibilità quella appropriata.

1. Al lavoro è importantissimo che si ____ gli orari di servizio.
   - ☐ A rispetti
   - ☐ B rispettano
   - ☐ C rispettino

2. Oggi è necessario ____ diverse lingue straniere.
   - ☐ A che conosca
   - ☐ B conoscere
   - ☐ C conoscerei

3. Il vasaio indossa durante il lavoro un ____.
   - ☐ A elmetto
   - ☐ B grembiule
   - ☐ C camice

4. Un ____ deve lavorare con ____.
   - ☐ A ingegnere | precisione
   - ☐ B cuoco | forza
   - ☐ C fabbro | dinamismo

5. L'artigiano lavora ____.
   - ☐ A in una bottega
   - ☐ B in fabbrica
   - ☐ C in un negozio

6. In quale ____ hai lavorato?
   - ☐ A terreno
   - ☐ B sezione
   - ☐ C campo

7. Dott. Ferrari, vorrei andare alla conferenza sulle energie rinnovabili, mi ____ uscire un'ora prima stasera?
   - ☐ A fa
   - ☐ B lasci
   - ☐ C lascia

8. Oh! Le mie belle scarpe si sono rotte! Ora le ____ riparare dal calzolaio.
   - ☐ A lascio
   - ☐ B fanno
   - ☐ C faccio

9. Se non ____ dinamico, non ____ fanno lavorare.
   - ☐ A sei | ti
   - ☐ B sono | li
   - ☐ C sei | mi

10. Spero che i miei figli ____ un'attività soddisfacente e che li ____ guadagnare sufficientemente.
    - ☐ A trovano | facciano
    - ☐ B trovino | faccia
    - ☐ C trovino | fa

11. Desidero che Lei ____ la relazione oggi.
    - ☐ A finisci
    - ☐ B finisca
    - ☐ C finirebbe

12. Temo che il fabbro si ____ dimenticato di venire. Che disastro, ho perso le chiavi!
    - ☐ A abbia
    - ☐ B sia
    - ☐ C è

13. Il mio capo pensa che io non ____ la relazione!
    - ☐ A finirà
    - ☐ B avrei finito
    - ☐ C abbia finito

14. Secondo me i tirocinanti ____ ieri dal corso di aggiornamento.
    - ☐ A siano tornate
    - ☐ B sono tornati
    - ☐ C siano tornati

Ripasso 2

1 | Lessico

a Quale parola non fa parte del gruppo?

1. stampa: quotidiano | settimanale | rivista | racconto | mensile
2. leggere: copertina | pagina | segnalibro | scorrere | scontrino
3. verdura: ravanelli | mele | piselli | melanzane | fagioli
4. mestieri: vetraio | calzolaio | fabbro | falegname | cialtrone
5. materiali: vasaio | cemento | cuoio | argento | legno
6. settori lavorativi: chimico | consulente | alimentare | agricolo | informatico
7. oggetti di consumo: bici | moto | frigo | affitto | auto
8. caratteristiche personali: disponibilità | novità | pazienza | forza | flessibilità

b Completate le frasi con i verbi appropriati.

mettermi | è ambientata | svolgere | perde | dedico | è interpretato | stringere | mantenermi | fuggire | soddisfare

1. Vorrei ___________ un lavoro creativo.
2. Bisogna ___________ legami commerciali.
3. Non guadagno abbastanza per _________.
4. È difficile___________ dalla modernità.
5. La storia ___________ nel secolo scorso.
6. È bene ___________ i propri interessi culturali.
7. Il ruolo ___________ da un giovane attore.
8. Purtroppo ___________ poco tempo agli amici.
9. Il tubo sotto il lavello ___________.
10. Mi piacerebbe ___________ in proprio.

2 | Grammatica Scegliete la forma corretta.

Sapete cos'è "Il marito in affitto"? Io l'ho saputo / lo sapevo qualche giorno fa, da una vicina. L'ho incontrata / la incontravo uscendo e abbiamo chiacchierato un po'. Lei era soddisfatta perché finalmente qualcuno il giorno prima le aveva appeso / appendeva i due quadri che ha trovato / aveva trovato nella cantina della nonna.
Capirete / Avrete capito che "Il marito in affitto" non è quello che pensavate. Si tratta, infatti, di un'agenzia che offre aiuto se avete lavoretti da far / lasciar fare in casa per cui / quali ci vuole abilità manuale o forza. Sembra che l'idea l'ha avuta / l'abbia avuta un signore di Monza che sentiva sempre le mogli dei suoi amici lamentarsi perché / siccome i mariti non volevano occuparsi di tubi che perdono, lavandini intasati o scaffali da montare. Pare comunque che questo servizio sia / è un successone / successino, infatti viene offerto in varie città. Ma c'è anche chi per voglia o per necessità ha imparato a far da sé e se la cava[1].

[1] **cavarsela:** zurecht kommen

3 | Comunicazione Formulate le domande o le risposte adatte alle frasi.

1. ● ______ ○ Sono laureato / -a in biochimica.
2. ● ______ ○ Sì, ho fatto un tirocinio presso la Siemens.
3. ● ______ ○ Dopo gli studi ho lavorato presso una ditta inglese.
4. ● Penso che le amicizie virtuali non siano vere amicizie. ○ ______
5. ● ______ ○ Per me nella vita è importante avere buoni rapporti.
6. ● ______ ○ Io sono abituato ai libri cartacei, ma posso immaginare che quelli digitali siano molto pratici.

4 | Comprensione scritta

a Leggete l'articolo e scegliete il titolo più adatto.

☐ 1. La morte del romanzo ☐ 2. Il romanzo salvato[1] dai ragazzini ☐ 3. Il potere[2] delle case editrici

Possono fare e disfare[3] le fortune di un libro, rendere famoso un autore o farlo dimenticare per sempre. Creano l'evento, la moda, il fenomeno, Harry Potter, Twilight. Si innamorano di maghi, di vampiri, ma anche di storie di vita, intime, difficili. I titoli se li consigliano via web e creano successi mondiali e imprevisti, come per la musica, le scarpe, i capelli o l'ultimo brand di zaini. Le case editrici li corteggiano[4], cercano di capire e prevedere gusti e tendenze, ma loro, gli adolescenti sono invece "misteriosi visitatori del testo", come afferma Emy Beseghi, docente di Letteratura per l'Infanzia, e restano dunque incomprensibili e sorprendenti.
L'informazione sicura, però, è che tra gli 11 e i 14 anni i ragazzini leggono più che in ogni altro periodo della loro vita (il 64,7 % di tutti i teenager). Già tra i 15 e i 17 anni leggono di meno (il numero dei lettori si riduce a 58,8 % dei teenager) e meno ancora lo fa chi ha più di 35 anni. In quest'ultimo gruppo più del 50 % delle persone dichiara di non leggere nemmeno un romanzo l'anno. Secondo l'esperto Nicola Galli Forest i ragazzi si dividono in due famiglie: i lettori "specializzati" che conoscono solo Harry Potter, Twilight e tutti i derivati di questi romanzi-evento. Attraverso la lettura creano la loro community, ma poi, diventando più grandi, la loro passione adolescenziale si spegne. Per fortuna ci sono gli altri – racconta Galli Forest – ne incontriamo 4 o 5 per ogni classe, che si appassionano e diventano veri amanti di saggi e romanzi.
Il mistero però resta. A quale fascinazione vanno incontro gli adolescenti quando aprono un libro? Per Emy Beseghi "la letteratura offre all'adolescente una possibilità di immediata identificazione, è davvero un ponte verso la crescita".

[1] **salvato:** gerettet [2] **il potere:** Macht [3] **disfare:** kaputt machen [4] **corteggiare:** *hier:* umwerben

b Rileggete il testo e mettete una crocetta sulle affermazioni corrette.

☐ 1. I teenager tra gli 11 e i 14 anni leggono come gli adulti.
☐ 2. Il successo di un libro funziona come quello di un brano musicale.
☐ 3. Per le case editrici i giovani lettori sono molto importanti.
☐ 4. I gusti dei giovani lettori sono influenzati[1] dalle case editrici.
☐ 5. In ogni classe ci sono 4 o 5 giovani che leggono solo Harry Potter e Twilight.
☐ 6. I romanzi aiutano i giovanissimi a crescere e diventare adulti.

[1] **influenzato:** beeinflusst

5 | Produzione scritta E voi, da adolescenti, che lettori eravate? Scrivete un breve testo. Quando avete iniziato a leggere? Quanto leggevate? Anche voi, crescendo, avete iniziato a leggere di meno?

7 Che lingua parli?

1 | Quante lingue! Sottolineate nel puzzle di parole le dodici lingue storiche presenti in Italia (oltre all'italiano).

LADINOCATALANOGRECOSARDOALBANESETEDESCOFRANCOPROVENZALE FRANCESEFRIULANOCROATOOCCITANOSLOVENO

2 | Piccolo quiz Secondo voi dove si parlano le seguenti lingue minoritarie? Scegliete la risposta giusta. (Sul sito www.klett.de/conpiacere potete trovare le informazioni).

1. Si parla il catalano …
   - ☐ A in una zona della Sicilia.
   - ☐ B in alcuni comuni dell'Emilia-Romagna.
   - ☐ C in un comune della Sardegna.

2. L'albanese è parlato …
   - ☐ A in una zona della Puglia.
   - ☐ B lungo la costa ligure.
   - ☐ C in parecchi comuni del Sud e in Sicilia.

3. Il greco è parlato …
   - ☐ A in alcune zone lungo la costa adriatica.
   - ☐ B nella parte sud della Calabria e della Puglia.
   - ☐ C in un comune delle Marche.

4. Si parla il franco-provenzale …
   - ☐ A sulle Alpi piemontesi, in Valle d'Aosta e in alcuni comuni della Puglia.
   - ☐ B in qualche comune della Lombardia.
   - ☐ C in molte zone della Liguria.

3 | Tra rete e spot … Ricordate l'articolo a pag. 81 di *Con Piacere B1*? Completate le frasi con le parole adatte.

specializzati | mondo | aggiornati | globalizzazione | archivio | rivincita

1. La ________________ cancella i dialetti dal bar e dalla piazza.
2. Ogni anno nel ________________ muoiono parecchi dialetti.

3. Grazie a Internet assistiamo però alla ________________ dei dialetti.
4. Ci sono dizionari online, siti e forum ________________ sui quali i dialetti tornano a vivere.
5. I vocabolari di frasi perdute vengono ________________ grazie ai ricordi delle persone anziane.
6. La Rete sta diventando un enorme ________________ di idiomi e linguaggi.

4 | L'italiano parlato per strada Completate le espressioni con le lettere mancanti.

1. In centro hanno aperto un locale notturno che è da _ r l _.
   Devi assolutamente andarci!
2. Tu sai che r _ b _ è l'itanglese?
3. Hai mai provato la fonduta valdostana? A me viene l' _ _ q _ _ l _ n _ in b _ _ _ _ solo a pensarci.
4. Ragazzi, non s _ _ _ _ _ _ t _, vi ho detto che stasera ho bisogno io della macchina.
5. Cosa? I single sono degli egoisti?! Ma che c _ v _ l _ d _ _ _?
6. Che noia questo meeting! Non v _ d _ l' _ r _ che finisca!
7. Q u _ n t _ r _ m p _ il direttore con questi continui meeting!
8. Hai visto quant'è f _ _ _ il nuovo fidanzato di Giuliana?

5 | Ma nessuno parla in questo modo! Se sostituite le espressioni evidenziate con quelle della lista, i dialoghi diventeranno più scorrevoli e realistici. Mettete le espressioni nella forma corretta.

questo | multa | timbrare (2×) | dover pagare | biglietto | iniziare

1. ● Sergio, ti occupi tu dei titoli di viaggio (1), io non ho tempo.
   ○ Ma perché devo occuparmene proprio io di tali (2) titoli?
2. ● Scusi, mi sa dire da quando decorre (3) la validità del biglietto del tram?
   ○ Signora, appena Lei lo convalida (4).
3. ● Ho dimenticato di convalidare (5) il biglietto! Incorrerò nel pagamento di (6) una sanzione (7)!
   ○ Calmati, lo sai che non succede niente se cerchi il controllore e glielo dici.

(1) ____________________ (3) ____________________ (5) ____________________ (7) ____________________
(2) ____________________ (4) ____________________ (6) ____________________

Regole e sistemi I

Die Konjunktionen *anche se* und *sebbene*

Anche se Edo **ha studiato** l'inglese, non lo parla bene.
Sebbene Edo **abbia studiato** l'inglese, non lo parla bene.

Die Konjunktionen *anche se* und *sebbene* leiten einen Nebensatz ein. Beide haben die Bedeutung *obwohl*, ______________. Nach ______________ steht der Indikativ, nach ______________ hingegen der *congiuntivo*.

6 | Quale congiunzione mettere? Completate con *anche se* o con *sebbene*.

1. Mio padre non parla il dialetto zurighese ____________ abiti a Zurigo da vent'anni.
2. ____________ conosca poche parole d'inglese, mio cognato riesce a farsi capire.
3. ____________ sa l'italiano, mia figlia preferisce rispondermi in tedesco.
4. Ho dei colleghi che usano parole inglesi ____________ esistano gli equivalenti in tedesco.
5. ____________ i dialetti stiano scomparendo dalle piazze, sopravvivono grazie alla Rete.
6. ____________ è passato tanto tempo dal mio stage a Madrid, so ancora parlare lo spagnolo.

Regole e sistemi II

a Die Konjunktion *se* im Bedingungssatz

1. **Se** hai fame puoi mangiare una piadina.
2. Potete prendere la mia macchina **se** siete in ritardo.
3. **Quando** sono in macchina ascolto sempre la radio.
4. Ho perso il portafoglio **quando** sono sceso dalla macchina.

Ein Bedingungssatz besteht aus einem Hauptsatz und einem Nebensatz, der mit *se* (in der Bedeutung *wenn*, ________) eingeleitet wird. Der Nebensatz enthält die Bedingung, der Hauptsatz die ________ dieser Bedingung.
Hat jedoch *wenn* eine zeitliche Bedeutung (*jedes Mal wenn* Bsp. _____; *in dem Moment, als* Bsp. ______), wird es mit *quando* wiedergegeben. Es handelt sich in diesem Fall nicht um einen Bedingungssatz.

b Der Bedingungssatz: wahrscheinliche Realisierung

Se non **si sa** l'inglese, **è** difficile trovare lavoro all'estero. (*presente indicativo* / *presente indicativo*)
Se studi l'inglese, **troverai** più facilmente lavoro.
(________________ / ________________)
Se abiterai in Inghilterra, **ci vedremo** di meno.
(________________ / ________________)

Wenn die Realisierung eines Bedingungssatzes gut möglich oder wahrscheinlich ist, können sowohl im Haupt- als auch im Nebensatz entweder *presente indicativo* oder *futuro semplice* stehen.

7 | Un invito per una gita in montagna Mettete in ordine le parole e segnate con una crocetta le frasi che esprimono una condizione (*Bedingung*).

1. prossima | se | farà | domenica | tempo | bel | gita | faremo | una | montagna | in
   ☐ ____
2. con | volete | se | noi | venire | fa piacere | ci
   ☐ ____
3. tutti | pronti | partiremo | saranno | quando
   ☐ ____
4. arriveremo | allo | mangeremo | chalet | quando
   ☐ ____
5. arriveremo | non | tardi | se | troppo | fonduta | preparare | la | potremo
   ☐ ____
6. d'accordo | se | siete | sette | in | torneremo | città | le | verso
   ☐ ____

Aspettiamo vostre notizie. A presto!

8 | ***Se o quando?*** Ecco la risposta all'invito. Completate con la congiunzione adatta.

Carissimi,
vi ringraziamo per l'invito. Le domeniche nel vostro chalet sono sempre molto rilassanti. Per il prossimo fine settimana, però, aspettiamo la visita di Nicoletta, una nostra nipote, che purtroppo non sa ______ potrà partire da Bologna. Sta scrivendo una relazione importante e ______ riuscirà a finirla entro venerdì sera, sabato pomeriggio sarà da noi. ______ invece impiega più tempo, non arriverà prima di domenica. ______ per voi non ci sono problemi, vi daremo una risposta definitiva venerdì sera ______ Nicoletta ci chiamerà per dirci come stanno le cose.

A presto!
Simonetta e Santo

Regole e sistemi III

a Die Formen des *congiuntivo imperfetto*

Verben mit regelmäßigem *congiuntivo imperfetto*:

	guardare	avere	partire	finire
io	guard**assi**	av**essi**	part**issi**	fin**issi**
tu	______	______	______	______
lui/lei/Lei	guard**asse**	av**esse**	______	______
noi	guard**ạssimo**	______	part**ịssimo**	______
voi	guard**aste**	av**este**	______	fin**iste**
loro	______	______	part**ịssero**	______

Bei Verben mit regelmäßigem *congiuntivo imperfetto* werden die Endungen an den Verbstamm angehängt.

Verben mit unregelmäßigem *congiuntivo imperfetto*:

	dare	dire	fare	stare	essere
io	de**ssi**	dice**ssi**	face**ssi**	ste**ssi**	**fossi**
tu	______	______	______	______	______
lui/lei/Lei	______	______	______	______	______
noi	d**ẹssimo**	dic**ẹssimo**	fac**ẹssimo**	st**ẹssimo**	______
voi	______	dice**ste**	______	ste**ste**	______
loro	d**ẹssero**	______	______	______	**fọssero**

- Mit Ausnahme des Verbs *essere*, haben Verben mit unregelmäßigem *congiuntivo imperfetto* die Endungen *-essi, -essi, -esse, -essimo, -este, -essero*. Sie werden an den Stamm des *imperfetto indicativo* angehängt: *fare (facevo → facessi), bere (bevevo → bevessi), produrre (producevo → produc________), proporre (proponevo → ______________).*
- Das Verb *essere* ist ein Einzelfall: Die Formen des *congiuntivo imperfetto* werden von keiner anderen Verbform abgeleitet.

b Der Bedingungssatz: mögliche bzw. unwahrscheinliche oder unmögliche Realisierung

Saremmo contenti **se** sabato prossimo **facesse** bel tempo.
Se fossi in voi, non **spenderei** tanto per una macchina nuova e ne **comprerei** una usata.

Drückt der Bedingungssatz aus, dass dessen Realisierung zwar möglich, aber eher unwahrscheinlich bzw. unmöglich ist, steht im H______________ das *condizionale semplice*, im Nebensatz mit *se* der ____________________.

9 | A caccia del congiuntivo imperfetto

Cercate le dieci forme del congiuntivo e scrivetele nella tabella. Quali forme rimangono?

~~dovessi~~ | venisse | verremmo | andaste | bevessimo | andreste | studiassero | preferirei | vorrebbero | producesse | proponeste | volessi | dovrebbe | uscissimo | preferissero

io	tu	lui / lei / Lei	noi	voi	loro
dovessi	dovessi				

10 | Quante ipotesi!

Cercate per ogni condizione (Se …) la conseguenza adatta. Se ricordate le lezioni precedenti, non avrete problemi.

1. Se lo Stato non tutelasse le minoranze linguistiche
2. Se non ci fossero i social network
3. Se non esistesse l'e-book reader
4. Se non ci fosse la Rete
5. Se rinunciassimo tutti alla macchina
6. Se Devis non avesse una casa di proprietà

A i dialetti morirebbero.
B l'ambiente sarebbe meno inquinato[1].
C per lui sarebbe più difficile vivere con pochi soldi.
D avremmo meno amici, ma anche meno amicizie superficiali.
E si consumerebbe più carta.
F probabilmente scomparirebbero.

[1] **inquinato:** verschmutzt

11 | I pensieri di Nina

Mettete i verbi al congiuntivo imperfetto e al condizionale presente.

1. Se ________ (io – essere) single, forse ________ (dedicare) più tempo ad amici e parenti.
2. Se ________ (io – potere), ________ (io – cambiare) lavoro.
3. Se Giovanni non ________ (lavorare) tanto, ________ (potere) occuparsi anche lui dei bambini.
4. Se nel nostro condominio ________ (essere) ammessi gli animali, noi ________ (avere) un gatto.
5. Se la coppia del piano di sotto ________ (avere) dei figli, ________ (essere) più tollerante con i bambini.
6. Se ________ (noi – abitare) in un condominio solidale, la vita ________ (essere) più semplice.

12 | Come direste in italiano?

1. Wenn du willst, helfe ich dir.
2. Wenn ich Zeit hätte, würde ich ins Kino gehen.
3. Wenn es morgen nicht regnet, machen wir einen Ausflug mit dem Fahrrad.
4. Wenn ich einen Hund hätte, müsste ich jeden Tag mit ihm spazieren gehen.
5. Wenn ich krank bin, höre ich mir gerne ein Hörbuch an.
6. Ich an deiner Stelle würde in die Stadt ziehen.

Test

Qual è la soluzione giusta? Scegliete tra le diverse possibilità quella appropriata.

1. Le ___ linguistiche in Italia sono dodici.
   - ☐ A minoranze
   - ☐ B norme
   - ☐ C regioni

2. Tra di loro i ragazzi parlano un ___ che non sempre si capisce.
   - ☐ A dialetto
   - ☐ B vocabolario
   - ☐ C gergo

3. Se penso al reblec ___.
   - ☐ A faccio il fico
   - ☐ B sono da urlo
   - ☐ C mi viene l'acquolina in bocca

4. A Natale i bambini non vedono ___ di aprire i regali.
   - ☐ A la roba
   - ☐ B la bontà
   - ☐ C l'ora

5. L'obliteratrice serve a ___ i biglietti.
   - ☐ A tutelare
   - ☐ B convalidare
   - ☐ C decorrere

6. Il catalano è una lingua minoritaria parlata in un comune ___.
   - ☐ A della Sardegna
   - ☐ B del Piemonte
   - ☐ C della Sicilia

7. ___ abito a Udine da tanti anni, il friulano non lo capisco.
   - ☐ A Anche se
   - ☐ B Sebbene

8. Sebbene i miei genitori ___ il sardo, non me l'hanno insegnato.
   - ☐ A parlino
   - ☐ B parlano

9. ___ saprai a che ora uscirai dall'ufficio telefonami, per piacere.
   - ☐ A Se
   - ☐ B Quando

10. Il congiuntivo imperfetto di *stare* è: (io, tu) ___ (lui / lei / Lei) stesse, (noi) stessimo, (voi) ___, (loro) stessero.
    - ☐ A stesse | stiate
    - ☐ B stesse | staremmo
    - ☐ C stessi | steste

11. Quando ___ in Valle d'Aosta mi ___ mangiare il reblec.
    - ☐ A andassi | piacerebbe
    - ☐ B vado | piace
    - ☐ C andrei | piacesse

12. Se volete domani vi ___ al cinema.
    - ☐ A porto
    - ☐ B portassi
    - ☐ C portai

13. Se ___ più giovane, farei un corso di hip hop.
    - ☐ A foste
    - ☐ B sarò
    - ☐ C fossi

14. Wenn ich könnte, würde ich das Angebot annehmen.

    Se ___, ___ l'offerta.
    - ☐ A potessi | accetterei
    - ☐ B potrei | accetterò
    - ☐ C potrò | accettassi

8 Anche questa è arte!

1 | I sostantivi dell'arte Scrivete le parole italiane aiutandovi con gli elementi dati. Trovate la soluzione con gli elementi che rimangono.

scul | im | tu | penn | ra | mag | di | ello | to | sfi | d'ar | pin | da | te | inaz | gio | la | iello | dis | col | cre | ne | egno | ori | op | azio | ione | era | te

1. Skulptur ______________________________
2. Pinsel ______________________________
3. Gemälde ______________________________
4. Herausforderung ______________________
5. Kunstwerk ____________________________
6. Leinwand ______________________________
7. Schmuckstück __________________________
8. Zeichnung _____________________________
9. Schaffen ______________________________
10. Farben _______________________________

Soluzione: Per la creazione di un'opera d'arte ci vuole molta ____________________.

2 | Dove l'arte incontra la terra Ricordate il testo a pag. 91 di *Con Piacere B1*? Con le lettere delle caselle evidenziate ottenete un aggettivo che descrive la *land art*.

1. Le opere di Gambarin sono visibili fino al tempo della nuova … s
2. Gambarin quando finisce un'opera prova … e
3. Nella *land art* di Dario Gambarin sostituisce il pennello. t
4. Lo usa Gambarin per tracciare le opere. a
5. Lo fa il contadino alla fine della stagione. r
6. Quelli dei dipinti di Gambarin sono tutti noti. s
7. Li traccia Gambarin e si riconoscono solo dal cielo. v
8. Gambarin li usa come tela. c
9. È necessario per fotografare le opere di *land art*. a
10. I contadini vedendo Gambarin all'opera provano … s

Soluzione: s p _ _ _ _ _ _ _ _ _ _

3 | Il Centro Paul Klee a Berna Completate la mail con le espressioni date.

è stato inaugurato | opere | a forma di tre onde | pittore | progettato da | artisti | museo | manoscritti | luminosa | capolavoro | creato

Cara Violetta,
ti segnalo[1] un ________ che devi assolutamente vedere durante il tuo viaggio in Svizzera. Io l'ho visitato l'anno scorso e sono rimasto impressionato[2]. L'edificio, ________________ Renzo Piano, è bellissimo, vedrai, un vero ______________ di architettura! La struttura __________________ in vetro e acciaio è affascinante e molto ______________. Il museo __________________ nel 2005 e contiene la più grande raccolta di ______________ di Paul Klee. So che a te interessa avere informazioni sulla vita degli ______________ che ammiri. Ecco, il museo espone anche tanti oggetti privati di Klee, come le marionette che aveva ______________ per il figlio Felix e tanti ______________ che aiutano a capire meglio le opere del ______________. Sono sicuro che piacerà anche a te.
Ci sentiremo al tuo ritorno? Buon viaggio!
Diego

[1] **segnalare:** etwas empfehlen
[2] **impressionato:** beeindruckt

Regole e sistemi I

a Verschiedene Bedeutungen und Funktionen von *ci*

1. Nel museo ________ anche oggetti privati di Klee.
2. ________ almeno una giornata per vedere tutti i musei vaticani. .
3. Il visitatore ________ un'ora per raggiungere il museo dalla stazione.
4. Sei stato alla mostra? – No, ma **ci** vado domani.
5. **Ci** vedremo stasera.
6. Le sculture di Giacometti **ci** piacciono.
7. Chissà perché **ci** guarda quel signore?

Ci kann verschiedene Bedeutungen und Funktionen haben:
- als fester Bestandteil einiger Verben:
  c'è / ci sono – „es ________", „da ist / sind" (Bsp. ____)
  ci vuole / vogliono – "man ________", „es dauert"(Bsp. ____) *ci metto* – „______________" (Bsp. ____)
- als örtliche Ergänzung für eine zuvor genannte Ortsangabe: „dort(hin)" (Bsp. ____)
- als direktes oder indirektes Objektpronomen (Bsp. ____ und ____) und als Reflexivpronomen der 1. Person ______________ „uns" (Bsp. ____).

b *Ci* und *ne* anstelle eines Satzteils

1. Hai pensato **ai biglietti**? – Certo che **ci** ho pensato!
2. Carlo tiene molto **all'educazione artistica** dei figli. – Anche noi **ci** teniamo.
3. Vuoi veramente uscire stasera? – No, non **ci** tengo tanto. (ci = a uscire)
4. Tu hai sentito parlare **di questo artista**? – Sì, **ne** ho sentito parlare alla tivù.
5. Chi si occupa **dei biglietti**? – Me **ne** occupo io.
6. Domenica potremmo andare a Modena. Che **ne** dite? (ne = della proposta di andare a Modena)

Mit *ci* wird eine durch die Präposition ____ eingeleitete Ergänzung ersetzt: Diese kann eine Sache (Bsp. ____) oder ein Sachverhalt (Bsp. ____) sein. Die Ergänzung muss dabei nicht zwingend zuvor genannt worden sein (Bsp. 3). Weitere Verben, deren Ergänzung mit *ci* ersetzt werden kann sind z. B.: *provare a, riuscire a, rinunciare a, lavorare a.*
Mit *ne* wird eine durch die Präposition ____ eingeleitete Ergänzung ersetzt: Diese kann eine Sache (Bsp. ____) oder eine Person (Bsp. ____) sein. Auch hier muss die Ergänzung nicht zuvor genannt worden sein (Bsp. 6). Weitere Verben, deren Ergänzung mit *ne* ersetzt werden kann sind: *dubitare di, essere convinto di, sapere (qc) di.*

4 | Quali parti vanno insieme? Abbinate le reazioni alle frasi adeguate.

1. Pensi che il libro avrà successo?
2. Ce la farai a finire la relazione per lunedì?
3. Non dobbiamo dimenticare i biglietti per il concerto.
4. Conosci *La Scheggia* di Renzo Piano?
5. Verresti con me a un concerto di *Umbria Jazz?*
6. Sai che Sandro vuole trasferirsi a Londra?
7. Non sarà facile per Lea stare lontano dalla famiglia.
8. Mi dai il tuo smartphone, il mio è scarico[1].

A Sì, ma stai attento, è un regalo e ci tengo.
B Sì, ma non ci credo.
C Non so, ci dovrei pensare.
D Probabilmente no, ma non ne parla mai.
E Mah, ne dubito.
F Sì, penso di riuscirci.
G No, ma ne ho sentito parlare.
H Non ti preoccupare, ci penso io!

[1] **scarico:** nicht geladen / der Akku ist leer

5 | Una serata speciale Scegliete il pronome adeguato.

Caro Dario,
scusami se ti scrivo soltanto oggi, lo so che non ci / ne / lo facevo da tanto tempo, ma bisogna assolutamente che ti racconti che ho finalmente realizzato il mio vecchio sogno: andare all'Art Basel. Ti ricordi che lo / ne / gli avevamo parlato insieme? Lo / Ci / Ne sono andata grazie a Fausto, un mio amico che lavora presso una delle gallerie italiane presenti alla fiera. Fausto sapeva che ne / lo / ci tenevo a trovare un biglietto e se lo / se ne è occupato personalmente. Non è facile partecipare all'inaugurazione. Conosco persone che lo / si / ci hanno provato più volte prima di riuscirne/ci. Per me è stata una serata fantastica e talmente ricca di impressioni che alla fine quasi mi girava la testa. Lo spazio dell'Art è molto vasto[1] ed è impossibile vedere tutto in una serata. Ho cercato di concentrarmi su alcune cose. Lo spazio chiamato *Unlimited* è quello che mi è piaciuto di più. Lì le opere erano semplicemente spettacolari e gli / lo / ci sono rimasta non so quanto tempo ad ammirarne/le/la.
A risentirci presto!
Ivana

[1] **vasto:** weitläufig

6 | Quanti pronomi! Completate con i pronomi adeguati.

ne (4×) | lo (2×) | ci (7×) | me ne | ce la | ce ne | ti | le | li | l'

1. ● Ma quanto ____ avete messo ad arrivare!
   ○ Eh, ____ sai che all'ora di punta ci sono code.
2. ● Non ____ faccio ad aprire la bottiglia.
   ○ Se vuoi ____ provo io.
3. ● ____ piace questo vino?
   ○ Molto, forse ____ compro alcune bottiglie.
4. ● ____ siete già stati al Museo del Tartufo?
   ○ No, forse ____ andremo sabato.
5. ● Sembra che domenica prossima l'entrata al museo sarà gratuita. Tu ____ sai qualcosa?
   ○ Sì, ____ ho letto sul giornale.
6. ● Il tavolo per stasera ____ prenoti tu?
   ○ D'accordo, ____ occupo io.
7. ● Le opere di Franz Marc ____ conosci?
   ○ Sì, se vai a Monaco ____ vedi molte.
8. ● Chissà se ____ sono ancora dei biglietti per l'*Aterballetto*, ____ andrei volentieri.
   ○ Mah, pare che non ____ siano più. Sembra che ____ abbiano venduti in pochi giorni.
9. ● Potremmo fare la visita guidata di *Corboli a colori*, che ____ pensi?
   ○ Perché no? ____ potremmo andare con Leo.

Regole e sistemi II

Das *gerundio* anstelle eines Nebensatzes (2)

Das *gerundio* kann anstelle eines Nebensatzes verwendet werden, wenn Haupt- und Nebensatz dasselbe Subjekt haben. Die Funktion des *gerundio* ist aus dem Zusammenhang ableitbar:

1. **Vedendo** il manifesto della mostra ho deciso di andarci. *Als ich das Plakat sah,…*
2. **Lavorando** Franco ascolta la musica. *Während Franco abeitet, … / Beim Arbeiten …*
3. Dario Gambarin dipinge **usando** il trattore. *…, indem er den Traktor verwendet.*
4. **Sbagliando** s'impara. *Durch Fehler …*
5. **Guardando** attentamente il dipinto potete scoprire tanti dettagli. *Wenn / Falls ihr das Gemälde genau betrachtet,…*

Es kann einen Nebensatz ersetzen, der mit *quando* („wenn" / „als") (Bsp. ____) bzw. __________ („während") (Bsp. ____) eingeleitet wird.

Das *gerundio* kann auch die Art und Weise (Bsp. ____ und ____) einer Handlung oder eines Geschehens darlegen.
Ebenso ersetzt es Nebensätze, die eine Bedingung *(se)* ausdrücken (Bsp. ____).

7 | Frasi con il gerundio Mettete i verbi al gerundio e traducete poi le frasi in tedesco.

1. Scrivete un testo ____________ (utilizzare) le parole indicate.
2. ____________ (andare) in ufficio in motorino ci metto meno tempo che in macchina.
3. Certi artisti della *land art* si aiutano ____________ (usare) laser e computer.
4. Dario Gambarin si emoziona ____________ (guardare) la foto del lavoro finito.
5. ____________ (abitare) in un condominio solidale si spende di meno.
6. Ho saputo della decisione del governo ____________ (ascoltare) la radio.

8 | Franco parla di sé e della sua famiglia. Completate le frasi usando il gerundio e il presente.

1. Io ____________ (emozionarsi) ____________ (guardare) le foto dei nonni.
2. Mia moglie ed io ____________ (riuscire) a dimenticare i problemi ______________ (camminare) nella natura.
3. I miei due figli ____________ (stancarsi) molto ____________ (lavorare) tutte le sere al computer.
4. Mio fratello, ____________ (sentire) il profumo del mare, ____________ (ricordarsi) la sua infanzia e la città sul mare dove siamo cresciuti.
5. Mia sorella ____________ (rilassarsi) solo ____________ (ascoltare) la musica etnica.

Regole e sistemi III

a *Stare per …* zum Ausdruck der unmittelbaren Zukunft

Sbrigati, il treno ______ per partire!
Beeile dich, der Zug fährt gleich weg.
Abbi pazienza, ______________.
Hab Geduld, wir kommen gleich an.

Mit *stare per* wird ausgedrückt, dass ein Geschehen unmittelbar bevorsteht.

b Das *condizionale passato*

Voi che cosa **avreste fatto**?
Io **sarei partita** prima.
Mia sorella __________ **fatto** l'università ma mio padre non voleva.
__________ **stato** meglio andare a piedi.

Mit dem *condizionale passato* drückt man aus, was hätte geschehen können, aber __________ eintrat.
Man bildet es mit dem *condizionale* von __________ bzw. __________ und dem Partizip Perfekt des Hauptverbs.

9 | Ditelo diversamente.

Esprimete le parti sottolineate usando *stare per*.

1. Se non vuoi passare la notte al museo devi venire, tra poco chiudono le porte.
2. Ho saputo che durante la giornata il comune deciderà se ampliare[1] la zona pedonale o no.
3. Senti, potresti apparecchiare? Tra mezz'ora arrivano gli ospiti.
4. Sapevi che tra alcuni giorni inaugureranno il nuovo centro sportivo?
5. Scusa, ma fra poco vado a prendere i bambini a scuola. Ti chiamo più tardi.

10 | Come evitare situazioni poco piacevoli

Scrivete per ogni situazione tre modi per evitarla. Usate le persone indicate e il condizionale passato dei verbi.

~~io – non fare colazione~~ | Marco ed io – non andare al cinema di sabato sera | noi – non tornare a casa tanto tardi | io – prima fare ginnastica | Carla – farsi svegliare da qualcuno | Caterina e Beatrice – arrivare alla biglietteria un'ora prima | Milla e Luisa – scegliere una pista meno difficile | Giovanni – essere più prudente | io – prenotare i biglietti per telefono

1. Dopo una notte in discoteca Leo non ha sentito la sveglia ed è arrivato tardi in ufficio.
   Io non avrei fatto colazione, __________
2. Grazia è andata a sciare e si è rotta una gamba.
   ____
3. Sabato sera Bianca e Santo volevano vedere il film vincitore della Berlinale, ma alla biglietteria hanno saputo che i posti erano esauriti.
   ____

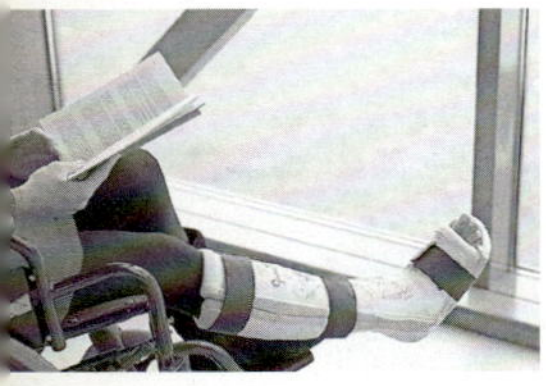

11 | E voi che opinione avete?

Completate i due minidialoghi in italiano.

Sie antworten, dass sie auch Ihnen nicht gefallen. Sie finden sie aber zumindest ziemlich originell und beeindruckend.

● A me le opere di Jeff Koons non piacciono per niente.
○ __________

Sie hingegen fühlen sich in Ihrer Stadt wohl. Es ist keine Großstadt, aber das kulturelle Angebot ist groß. Außerdem gibt es zahlreiche Grünflächen.

■ Io vivrei volentieri in una metropoli come Parigi, Londra, Berlino.
□ __________

Test

Qual è la soluzione giusta? Scegliete tra le diverse possibilità quella appropriata.

1. Di solito i quadri sono dipinti su ____.

   ☐ A sfida
   ☐ B tela
   ☐ C acciaio

2. In autunno il contadino fa ____ del mais.

   ☐ A il raccolto
   ☐ B la fatica
   ☐ C l'aratro

3. I contadini guardano con ____ l'attività di Dario.

   ☐ A olfatto
   ☐ B semina
   ☐ C stupore

4. L'Auditorium *Parco della Musica* di Roma è stato ____ da Renzo Piano?

   ☐ A rappresentato
   ☐ B progettato
   ☐ C colpito

5. Die Vorstellung ist gleich zu Ende.

   Lo spettacolo ____.
   ☐ A finendo
   ☐ B sta per finire
   ☐ C sta finendo

6. Ho saputo del terremoto ____ il telegiornale.

   ☐ A sto guardando
   ☐ B guardando
   ☐ C sto per guardare

7. "Abbiamo incontrato Sandra andando a teatro." Significa: l'abbiamo incontrata____.

   ☐ A mentre andava a teatro
   ☐ B se andavamo a teatro
   ☐ C mentre andavamo a teatro

8. ● Chi prenota il tavolo per domenica?
   ○ ____ penso io.

   ☐ A Me ne
   ☐ B Ne
   ☐ C Ci

9. ● Hai visto l'ultimo film di Woody Allen?
   ○ Non ____ ho visto, ma ____ ho sentito parlare.

   ☐ A ne | ci |
   ☐ B ne | lo
   ☐ C l' | ne

10. ● Pensi che la mostra avrà successo?
    ○ Mah, ____ dubito.

    ☐ A ne.
    ☐ B lo.
    ☐ C ci.

11. Beim Lesen von Krimis entspanne ich mich.

    ____ i gialli mi rilasso.
    ☐ A Sto per leggere
    ☐ B Sto leggendo
    ☐ C Leggendo

12. ● Voi cosa avreste fatto?
    ○ ____ a piedi.

    ☐ A Sareste andati
    ☐ B Andremmo
    ☐ C Saremmo andati

13. Ti ____ prima, ma non è stato possibile.

    ☐ A avrei telefonato
    ☐ B telefonerebbe
    ☐ C telefonerei

9 Da dove vieni, dove vai?

1 | Come si chiamano? Rileggete i testi a pag. 101 di *Con piacere B1* e completate le espressioni con le lettere mancanti.

1. Piccolo giornale che si può mettere in tasca.
   g _ _ rn _ l _ n _   t _ s _ _ b _ l _
2. Oggetto con cui si scriveva prima di usare il computer.
   m _ _ _ h _ _ a   _ _   s _ r _ v _ r _
3. Oggetto piccolo con cui si fa il caffè.
   m _ _ _ h _ n _ tt _   _ _ r   _ l   _ _ ff _
4. Raccolta di oggetti sempre esposti in un museo.
   _ _ ll _ z _ _ n _   p _ rm _ n _ nt _
5. Scrittore che scrive per la televisione.
   a _ t _ _ e   t _ lev _ s _ _ o

2 | Quando ci si trasferisce in Italia. Abbinate i verbi alle espressioni a destra.

1. iscriversi
2. sbrigare
3. richiedere
4. giurare
5. fare
6. andare
7. aprire
8. votare
9. mandare

A alle elezioni
B all'anagrafe
C varie pratiche
D domanda per la cittadinanza italiana
E un conto in banca
F al Centro per l'impiego
G i figli alla scuola bilingue
H la residenza
I fedeltà alla Repubblica

3 | Le mie origini

a Ecco la storia di Cecilia: completate con gli elementi indicati.

sia svizzera sia cittadinanza nome invece cresciuta italiano

Mi chiamo Cecilia Hauser e abito a San Gallo, in Svizzera. Ho un ____________ italiano, perché mia madre è italiana, mio padre ____________ è svizzero. Sono nata e ____________ in Svizzera e ho la doppia ____________. Con mia madre ho sempre parlato ____________ e le vacanze le ho spesso passate in Italia, ma sebbene io parli ____________ l'italiano ____________ il tedesco, penso di essere più ____________ che italiana.

b Ecco la storia di Paolo: riordinate le sillabe tra parentesi.

Io sono Paolo Mari, sono di Milano e abito in Germania da quasi vent'anni. Il ____________ (ga/me/le) con la mia patria continua a essere molto forte, anche se qui in Germania mi trovo bene. Però, nonostante ci tenga alla mia __________ (den/tà/i/ti), ho fatto __________ (da/do/man) per la cittadinanza tedesca. Voglio infatti integrarmi[1] maggiormente andando a _________ (re/vo/ta), come i tedeschi. Noi _________ (di/cit/ni/ta) italiani possiamo votare solo a livello comunale e questo, secondo me, non basta.

[1] **integrarsi:** sich integrieren

c Ecco la storia di Marco: rimettete in ordine le parole evidenziate.

La mia famiglia è paese d'origine (1) della Basilicata, ma viviamo già da anni in Austria. I miei genitori sono ancora molto radici (2) al loro pensione (3) e quando andranno in originaria (4) vorrebbero tornarci. Io e mia sorella invece legati (5) austriaci e né io né lei abbiamo intenzione di andare a vivere in Italia, anche se ci teniamo alle nostre ci sentiamo (6) italiane.

1. __________ 2. __________ 3. __________ 4. __________ 5. __________ 6. __________

4 | Alcune istituzioni politiche italiane Rispondete alle domande.

1. Che tipo di Repubblica è l'Italia? ______________________________
2. Per quanti anni e da chi viene eletto il Parlamento? ______________________________
3. In Italia il capo del governo si chiama "Cancelliere"? ______________________________
4. Chi elegge il Presidente della Repubblica? ______________________________

5 | La mia bisnonna Eluana Completate il testo traducendo gli aggettivi. Attenti alle desinenze[1]!

La mia bisnonna Eluana era una persona ______________ *(kosmopolitisch)* che parlava il tedesco e l'inglese. Aveva una ______________ *(klein)* impresa di giocattoli e di lei la gente diceva che era ______________ *(mutig)*, ______________ *(ehrgeizig)* e molto ______________ *(einflussreich)*. Era ______________ *(hart)* e ______________ *(entschlossen)* quando si trattava di prendere delle decisioni e ______________ *(unbeugsam)* in questioni di educazione dei propri figli. Con la nascita del primo nipote cambiò diventando più ______________ *(tolerant)* e più dolce[2]. Pochi anni dopo si ritirò dalla direzione della ditta per dedicarsi ai nipoti e alla politica locale, l'altra sua ______________ *(groß)* passione. Continuò ad essere una persona ______________ *(aktiv)* e ______________ *(engagiert)* fino alla fine della sua vita.

[1] **desinenza:** Endung [2] **dolce:** *hier:* sanftmütig

Regole e sistemi I

Männliche und weibliche Formen bei Substantiven

männlich	weiblich
il cittadin**o**	____________
____________	l'au**trice**
____________	la pion**iera**
lo stil**ista**	____________
l'abit**ante**	____________
____________	la cli**ente**
____________	la franc**ese**

Wie Sie wissen, können Substantive, die Personen bezeichnen – dazu gehören auch Berufe und politische Funktionen – männliche und weibliche Formen annehmen. In der Regel haben z. B. männliche Bezeichnungen auf *-o* eine weibliche Form auf *-a*. Die männliche Endung *-iere* wird in der weiblichen Form zu _____ und *-tore* wird zu _____.
Bezeichnungen auf _____, *-ante, -ente* und *-ese* haben hingegen für beide Geschlechter nur ______ Form.

6 | Nomi famosi e meno famosi Completate le parole. Attenzione a genere e numero!

1. Lilli Gruber è giornal______ e scritt______; per alcuni anni è stata parlament______ europ______.
2. Anna Calvi è una giovane cant______ e music______ ingle______ di origine ital______.
3. Marco Montemarano è uno degli scrit______ italian______ che vivono e lavorano in Germania.
4. Francesca Imoda fa la baller______, è ital______ e anche lei lavora in Germania.
5. Roberto Saviano è un giornal______ e aut______ conosciuto anche all'estero.
6. Inge Feltrinelli è una nota edit______ e foto______ italiana di origine tede______.
7. Antonio De Vivo è uno dei numerosi citt______ ital______ emigrati all'estero negli ultimi anni.
8. Luisa Spagnoli è una nota impren______ italiana dell'inizio del '900.

Regole e sistemi II

Direkte Objektpronomen und das Pronomen *ne* in Verbindung mit dem *passato prossimo*

1. Le storie del libro *Cuore* sono avvincenti.
   Le abbiamo lett**e** a scuola.
   Già i nostri genitori **le** avevano lett___.
2. Conosci i *Baci* della *Perugina*? Sono cioccolatini squisiti.
   Sembra che **li** abbia ideat___ l'imprenditrice Luisa Spagnoli nel 1922.

Stehen die direkten Objektpronomen *lo, la, li* oder *le* vor einem Verb im *passato prossimo* oder in einer anderen zusammengesetzten Zeitform (z. B. *trapassato prossimo, futuro anteriore, congiuntivo passato*), wird die Endung des ___________ in Geschlecht und ___________ an das Pronomen angeglichen.

3. I *Baci Perugina* sono conosciuti anche all'estero. **Ne** ho comprat**a** **una scatola** in un negozio di Amburgo.
4. I negozi *Luisa Spagnoli* sono presenti in tutto il mondo. **Ne** hanno apert**o** **uno** anche da noi.
5. La *Cinquecento* è una macchina di grande successo. Mio nonno **ne** ha avut**i** **due modelli**.

Wenn das Pronomen *ne* eine Teilmenge bezeichnet *(Questo vino è buono, ne compro due bottiglie.)*, gilt folgende Regel:
Steht *ne* vor einem Verb in einer zusammengesetzten Zeitform, richtet sich das Partizip in ___________ und ___________ nach dem Wort, auf das sich *ne* bezieht.

7 | Vi ricordate? Rispondete alle domande usando i pronomi diretti e il passato prossimo.

Italo Calvino | Olivetti | Andrea Camilleri | Giuseppe Verdi | Renzo Piano | FIAT | Umberto Eco

1. Chi ha scritto il romanzo *Il nome della Rosa*? – L'ha scritto Umberto Eco.
2. Chi ha raccolto e riscritto le fiabe italiane? – ____________
3. Chi ha composto l'opera *La Traviata*? – ____________
4. Quale casa automobilistica ha prodotto la *Cinquecento*? – ____________
5. Quale architetto ha progettato l'auditorium a L'Aquila? – ____________
6. Chi ha scritto i romanzi polizieschi con il commissario Montalbano? – ____________
7. Quale ditta ha prodotto le macchine da scrivere più famose d'Italia? – ____________

8 | Al ritorno da una festa famosa Unite domande e risposte. Il participio vi aiuterà!

1. Ci fai vedere le foto?
2. Ho sentito che all'Oktoberfest ci sono tantissimi turisti italiani.
3. Ti sei ricordato dei Gummibärchen?
4. Le salsicce con i crauti sono buone, vero?
5. E le ragazze?

[1] **in effetti:** in der Tat

A Certo, te ne ho portati sei pacchetti, eccoli!
B Mah, ne ho conosciuta una molto carina. Forse viene a trovarmi.
C Ottime! Ne avrò mangiate almeno quattro.
D In effetti[1] ne ho incontrati parecchi.
E Sì, ma non ora. Ne ho fatte tante e prima le vorrei riordinare.

9 | Intervista in classe Rispondete in italiano.

1. ● Hai mai avuto una macchinetta per il caffè *Bialetti*?
○ ____________ *(Sie hatten zwei oder drei davon.)*

2. ● Conosci i film di Nanni Moretti?
○ ____________ *(Sie haben einige gesehen.)*

3. ● Hai mai visto il Festival di Sanremo?
○ ____________ *(Sie haben es noch nie gesehen.)*

4. ● Hai mai avuto una Cinquecento?
○ ____________ *(Sie haben genau vor einem Jahr einen gekauft.)*

5. ● Hai già scritto la relazione per la prossima lezione?
○ ____________ *(Sie haben sie gestern geschrieben.)*

6. ● Hai mai letto una rivista femminile italiana?
○ ____________ *(Sie haben schon mehrere gelesen.)*

Regole e sistemi III

a Das Zusammentreffen von *si impersonale* und *si riflessivo*

Leggendo il libro di Lilli Gruber …
… ci si confronta con una cultura diversa,
… ci __ innamora dell'Alto Adige,
… __ __ ricorda delle proprie radici.

Wird bei der Bildung eines unpersönlichen Satzes mit *si* (man) ein reflexives Verb, z. B. *conoscersi*, verwendet, wird das erste *si* zu ____: *Ci si conosce.* *(Man kennt sich.)*

b Das *passato prossimo* der Modalverben

Ob die Modalverben *volere, dovere* und *potere* das *passato prossimo* mit *avere* oder mit *essere* bilden, hängt vom Verb ab, das auf das Modalverb folgt:

Ohne Modalverb		Mit Modalverb
1. **Ho bevuto** un caffè.	➔	**Ho voluto bere** un caffè.
2. **Sono andata** a votare.	➔	**Sono voluta andare** a votare.
3. **Ha aspettato** a lungo.	➔	______ **dovuto aspettare** a lungo.
4. **Siamo tornati** a casa.	➔	______ **dovut__ tornare** a casa.
5. **Hanno fatto** la spesa.	➔	______ **potut__ fare** la spesa.
6. **Sono partite** presto.	➔	______ **potut__ partire** presto.

Die Modalverben bilden das *passato prossimo* mit demselben Hilfsverb wie das auf sie folgende Verb.

10 | Cose che succedono al corso d'italiano. Scegliete la forma adeguata.

1. Ieri sera il corso non ha avuto luogo perché l'insegnante è dovuta / ha dovuto partire per l'Italia.
2. All'ultima lezione sono arrivato di nuovo in ritardo perché come al solito non ho potuto / sono potuto parcheggiare vicino alla scuola.
3. Un'altra sera ancora non siamo potuti / abbiamo potuto entrare: un cartello avvisava che l'aula era stata allestita per il giorno dopo.
4. Una volta l'insegnante è dovuta / ha dovuto leggere il testo d'ascolto perché non c'era il lettore cd.
5. Qualche settimana fa era in programma l'intervista con la cugina dell'insegnante in visita dall'Italia, ma nessuno aveva fatto i compiti e così abbiamo dovuto / siamo dovuti improvvisare[1] l'intervista.
6. Qualche mese fa l'insegnante è voluta / ha voluto farci cantare una canzone. Molti si vergognavano[2] ma alla fine è stato divertente. Addirittura uno di noi ha voluto / è voluto cantare il ritornello da solo.

[1] **improvvisare:** improvisieren [2] **vergognarsi:** sich schämen

11 | Il nostro corso d'italiano Completate il racconto di Anke mettendo i verbi nella forma impersonale.

Arrivando al corso *ci si saluta* (salutarsi) e *si chiacchiera* (chiacchierare) del più e del meno[1]. Quando inizia la lezione ____________ (cercare) di fare attenzione, ma c'è sempre chi continua a chiacchierare con la vicina. Siamo tutti adulti, ma spesso ____________ (comportarsi) come dei ragazzini.
Durante la lezione ____________ (svolgere) varie attività: ____________ (leggere) o ____________ (ascoltare) un testo, ____________ (cercare) di capirne il contenuto, ____________ (imparare) nuovi aspetti della grammatica o ____________ (concentrarsi) sul lessico. Di solito ____________ (fare) degli esercizi in gruppo. Lavorare in gruppo a me piace, perché ____________ (aiutarsi) a vicenda e spesso ____________ (divertirsi). A volte ci sono esercizi in cui ____________ (intervistarsi) tra noi. Sono esercizi che aiutano a conoscersi meglio. Alla fine di ogni semestre ____________ (organizzare) una cenetta italiana. Inutile dire che queste serate sono sempre molto simpatiche: ____________ (ridere) molto, ____________ (cantare) canzoni italiane e certe volte anche ____________ (ballare).
Noi siamo insieme da sei anni e vogliamo continuare con l'italiano, anche se ormai siamo arrivati alla fine del libro.

[1] **...del più e del meno:** ...über dieses und jenes

Test

Qual è la soluzione giusta? Scegliete tra le diverse possibilità quella appropriata.

1. Mio nonno ha scritto la sua biografia con una ____ scrivere Olivetti.
   - ☐ A apparecchio per
   - ☐ B macchinetta da
   - ☐ C macchina da

2. Il Moma di New York ha una bellissima ____.
   - ☐ A collezione continua
   - ☐ B collezione permanente
   - ☐ C raccolta permanente

3. Chi non si lascia influenzare dagli altri e non cambia opinione è ____.
   - ☐ A impegnato
   - ☐ B indeciso
   - ☐ C inflessibile

4. Se ti trasferisci in Italia, devi ____ la residenza.
   - ☐ A richiedere
   - ☐ B fare
   - ☐ C sbrigare

5. La mia famiglia è ____ del Lazio.
   - ☐ A origine
   - ☐ B cittadina
   - ☐ C originaria

6. Il ____ del Consiglio è il capo del governo italiano.
   - ☐ A Cancelliere
   - ☐ B Presidente
   - ☐ C Senato

7. La parola *fumettista* si usa ____.
   - ☐ A solo per una donna
   - ☐ B solo per un uomo
   - ☐ C per un uomo e una donna

8. Giada hat sowohl die italienische als auch die österreichische Staatsangehörigkeit.

   Giada ha la cittadinanza ____.
   - ☐ A … sia italiana sia austriaca
   - ☐ B … né italiana che austriaca
   - ☐ C … né italiana né austriaca

9. Qui fanno delle ottime piadine. Ne ho ____ una l'altro giorno.
   - ☐ A mangiate
   - ☐ B mangiato
   - ☐ C mangiata

10. ● Chi ha creato la mitica poltrona Sacco?
    ○ ____ tre architetti torinesi.
    - ☐ A Ne hanno creati
    - ☐ B L'hanno creata
    - ☐ C Ne hanno creata

11. Mary e James ____ prendere la cittadinanza italiana.
    - ☐ A hanno voluto
    - ☐ B sono voluti
    - ☐ C sono volute

12. Emma ____ andare in ufficio presto.
    - ☐ A ha dovuto
    - ☐ B è dovuta
    - ☐ C è dovuto

13. Quando ___ legge un giallo di Camilleri non ____ annoia mai.
    - ☐ A ci si | ci si
    - ☐ B ci si | si
    - ☐ C si | ci si

14. Se non ____ conosce ____ dà del Lei.
    - ☐ A si | ci si
    - ☐ B ci si | ci si
    - ☐ C ci si | ci

Ripasso 3

1 | Lessico

a Quale parola o espressione non fa parte del gruppo?

1. linguaggio giovanile: scocciare | quanto rompi! | da urlo | incorrere | fichissimo
2. sensi: vista | udito | tatto | olfatto | suono
3. aspetti del carattere: inflessibile | permanente | curioso | modesto | prudente
4. professioni: consumatore | fumettista | editore | pittore | controllore
5. arte: tela | gergo | pennello | scultura | dipinto
6. linguaggio burocratico: convalida | biglietto | titolo di viaggio | sanzione | decorrere

b Completate le frasi con i verbi appropriati. Non dimenticate di coniugarli!

contribuire | inaugurare | rompere | ottenere | aprire | timbrare | venire | tutelare | progettare | fare

1. Noi a metà mattina ____________ uno spuntino.
2. Il museo verrà ____________ tra un mese.
3. Se ci penso mi ____________ l'acquolina in bocca.
4. Ida ha ____________ la cittadinanza austriaca.
5. Hai ____________ il biglietto?
6. Senti, non ____________ con le tue storie!
7. L'edificio sarà ____________ da un noto architetto.
8. La *Fiat 500* ha ____________ alla fama del Made in Italy.
9. Jacqueline ha ____________ un conto in banca.
10. Le minoranze linguistiche da noi sono ____________.

2 | Grammatica Scegliete la forma corretta.

Cara Giada,
ti ringrazio per l'articolo chi / che mi hai mandato su *Artissima* che sta per cominciare/ sta cominciando tra qualche giorno. Sembra che è / sia una delle fiere d'arte contemporanea più importanti al mondo. Chi l'avrebbe mai detto! Ricordo che ci / ne avevamo parlato tempo fa e che anche tu eri / sei stata scettica riguardo all'importanza di questa fiera. Cercherò di venire a Torino per la prossima edizione. Purtroppo ha luogo a novembre, un mese in cui / quale lavoro molto e se lasciassi / lascio Heidelberg sicuramente perderei molte richieste. Comunque quando / se lo stress non sia / sarà troppo grande, faccio un salto[1] a Torino e ci / ne andiamo insieme, promesso!
A proposito di promesse: non volevi / hai voluto venire a Heidelberg? Sono anni che lo / ne dici, ma c'è sempre un motivo per non venire: due anni fa non sei potuta / hai potuto partire perché si era ammalato / si è ammalato un collega, l'anno scorso hai dovuto / sei dovuta andare a Londra … Certo, Heidelberg non è né / sia Londra né / sia Berlino, ma anche se / sebbene sia piuttosto piccola, l'offerta culturale è buona. La settimana scorsa, per esempio c'è stato un festival di danza importante. Mi sarebbe piaciuto / piacerebbe andarci con te. Insomma, avrai capito che ne / ci tengo alla tua visita … Secondo te ci vedremo prima qui a Heidelberg o a novembre a Torino?
Un abbraccio
Elena

[1] **fare un salto:** auf einen Sprung vorbeikommen

3 | Comunicazione
Formulate le domande o le risposte adatte alle frasi.

1. ● Tu conoscevi già quest'opera / quest'autore? ○ ____________________
2. ● ____________________ ○ Beh, è una costruzione molto moderna, però mi piace.
3. ● ____________________ ○ No, noi non ci teniamo per niente. Preferiamo vivere fuori dalla grande città, in campagna.
4. ● ____________________ ○ Sì, nel mio lavoro uso di frequente parole inglesi, nel privato meno.
5. ● Di dov'è originaria la tua famiglia? ○ ____________________

4 | Comprensione scritta

a Leggete l'articolo e sceg iete il titolo più adatto.

☐ 1. Vita da pendolare ☐ 2. La soddisfazione di un prefetto ☐ 3. L'importanza del nome

Il signor Ermen Muca è uno dei tanti lavoratori che ogni giorno dall'Italia vanno a lavorare in Svizzera. Alla frontiera, però, ogni mattina le guardie[1] lo fermano girando e rigirando tra le mani il suo passaporto. "Ciao Emilio, ci vediamo dopo" gli dicono gli altri pendolari continuando senza difficoltà.
Per Ermen, di origine albanese, ma in Italia da una vita, felicemente sposato con un'italiana e padre di un figlio di sei anni, questa scena quotidiana è una vera sofferenza. Così si rivolge al Prefetto di Como chiedendo di cambiare nome per assumere quello con il quale da anni è ormai chiamato nella vita lavorativa e con il quale si sente integrato nella collettività italiana. Ma la sua richiesta viene respinta per motivi di interesse pubblico: nei rapporti con la pubblica amministrazione la stabilità del nome è fondamentale.
Ermen però non abbandona il suo sogno e si rivolge al Tribunale amministrativo regionale (Tar) della Lombardia e pochi giorni prima di Natale riceve il regalo più atteso: Ermen d'ora in poi si potrà chiamare Emilio anche sui documenti ufficiali. Secondo i giudici[2] del Tar, infatti, il signor Muca, volendo cambiare il nome, dimostra che la sua volontà di integrarsi non si ferma all'ambiente del lavoro e alle amicizie, ma che desidera integrarsi nella collettività nazionale. E ciò per i giudici è più importante dell'interesse pubblico. D'ora in poi, quindi, Ermen l'albanese non esisterà più e soprattutto eviterà imbarazzanti code alla frontiera.

[1] **guardia:** *hier:* Grenzpolizei [2] **giudice:** Richter [3] **pregiudicare:** beeinträchtigen, sich negativ auswirken

b Rileggete il testo e mettete una crocetta sulle affermazioni corrette.

☐ 1. Ermen Muca è arrivato in Italia qualche anno fa.
☐ 2. Quando va al lavoro, le guardie controllano i suoi documenti perché non ha un nome italiano.
☐ 3. Ermen vuole chiamarsi Emilio per evitare code alla frontiera e per sentirsi integrato.
☐ 4. Per il Prefetto di Como il cambiamento del nome non contrasta con l'interesse pubblico.
☐ 5. Secondo i giudici del Tar il cambio di nome è segno di integrazione.

5 | Produzione scritta
Scrivete una mail ad un amico / un'amica in cui riferite brevemente il contenuto dell'articolo appena letto. Indicate se vi sembra interessante e perché.

Lösungen

Vogliamo conoscerci meglio?

1 1. racchetta | 2. giardinaggio | 3. dormire | 4. mostra | 5. statue | 6. zaino | 7. grasso

2 2. andrà | 3. sarà | 4. cercherà | 5. vorrà | 6. avrà | 7. dovrà comprare

3 a – alla – del – degli – a | di – delle – al – per | alla – di

4 *Proposta di soluzione: Sono brava/o a …* cucinare – tagliare i capelli – mettere le gomme invernali – imbiancare le pareti – insegnare l'inglese – lavorare nel giardino – truccare
Chi mi aiuta a … traslocare – occuparsi dei bambini – organizzare una festa – portare fuori il cane – preparare una cena italiana – riparare la bicicletta – mettere in ordine la cantina

Regole e sistemi

Sistemi: occorrono | serve | occorrono | hanno | ci vogliono | impiego
Regole: 3. Person | *bisogno di* | Singular | *impiegarci*

5 *Proposta di soluzione:* 1. Per la terrazza sul tetto ci vogliono delle belle piante. | 2. Per tagliare i funghi mi serve un coltello tagliente. | Per preparare una bella cenetta ho bisogno di una mano. | 3. Per fare un viaggio in bicicletta ho bisogno di un buon allenamento. | Mi occorre un casco per andare al lavoro in bicicletta. | 4. Ci metto almeno due ore per visitare tutta la mostra. | Per entrare al museo ti serve un biglietto d'ingresso.

6 1. ha – bisogno | 2. gli serve una mano – lo aiuta | 3. Ci mette | 4. Mi offre | 5. Sa

7 Telẹfonano | gratụito | abitụdini | martedị̀ | ipọtesi | catạstrofe | fantasịa | disponịbile

8 1. A | 2. D | 3. B | 4. B | 5. C | 6. D | 7. A | 8. C

9 1. può | 2. posso | 3. sapete | 4. so | 5. posso | 6. sa

10 *Proposta di soluzione:* 1. Avresti voglia di venire con me allo spettacolo *Fantasia Spagnola*? C'è della buona musica e cose buone da mangiare! | 2. A me la Sua musica piace, ma è così forte! Potrebbe abbassare il volume, per favore? | 3. Grazie tante!/ Volevo proprio ringraziarla. Mi è piaciuto moltissimo! | 4. È un'ottima idea, ma per il momento sono occupata con le prove per il concerto. Magari un'altra volta? | 5. Scusi, come si arriva allo stadio con i mezzi pubblici? | 6. Secondo me lavori troppo. Perché non fai un corso di yoga? | 7. Ci incontriamo alle otto e venti davanti al cinema. Compro io i biglietti. Ok? | 8. Vorrei due biglietti per il concerto di stasera. Ci sono ancora posti liberi?

Test

1. C | 2. C | 3. C | 4. B | 5. C | 6. C | 7. A | 8. A | 9. B | 10. A | 11. B | 12. C | 13. B | 14. A

1 Cose che capitano

1 **a** CAPPELLO | GIACCA | CELLULARE | SCIARPA | MACCHINA FOTOGRAFICA | GUANTI | GUIDA | PULLOVER | OMBRELLO | FOULARD | LIBRO | OCCHIALI DA SOLE | BERRETTO | BIGLIETTO | SCARPE | PENNA | IMPERMEABILE | CHITARRA | CAPPOTTO | CANE | PORTAFOGLIO | CARTA D'IDENTITÀ | BORSA | ZAINO | PORTATILE | GIORNALE | OROLOGIO | VALIGIA | COLLANA | CINTURA

2 **a** (Beato Lei!) ammirazione | (Uffa!) fastidio | (Maledizione!) fastidio | (Che bello!) contentezza | (Vuole scherzare?) stupore | (Roba da matti!) stupore | (Accidenti!) stupore / fastidio | (Congratulazioni!) ammirazione

2 **b** 1. Beato Lei! / Congratulazioni! / Che bello! | 2. Maledizione! / Accidenti! | 3. Vuole scherzare? / Incredibile! / Roba da matti! | 4. Congratulazioni! / Che bello! | 5. u. 6. Maledizione! / Accidenti! / Roba da matti! / Vuole scherzare? | 6. Uffa!

3 1. il viale | 2. il distributore | 3. il toro | 4. l'allevamento | 5. dimenticare

Regole e sistemi I

Sistemi: 1. di | 2. in | 3. da | a
Regole: da (Bsp. 3) | *a* (Bsp. 4) | *di* (Bsp. 1) | *in* (Bsp. 2)

4 di: cotone | lana | tela | seta | metallo | carta | plastica | vino
a: righe | colori
in: tinta unita | fibra sintetica
da: uomo | bagno | sole | ginnastica | donna | bambino | sera | vino

5 2. Prego, in che cosa posso esserLe utile? | 3. Ero sul volo che è arrivato da Berlino, però la mia valigia non è arrivata! | 4. Com'è la Sua valigia, può descriverla? | 5. È di media grandezza con 4 rotelle. | 6. Di che colore è? | 7. Verde chiaro. | 8. Che cosa contiene? | 9. Un vestito da sera blu notte in tinta unita e un paio di scarpe eleganti di pelle blu con tacco alto. | 10. Ancora qualcosa? | 11. Sì, due pullover di lana e uno di cotone. Delle magliette, due paia di pantaloni e della biancheria intima di seta. | 12. Mi dispiace. Le consegneremo la valigia appena possibile. | 13. Sì, ma proprio a me doveva capitare?

Regole e sistemi II

Regole: passato prossimo | *imperfetto*

6 ho perso – sono andato | sono partito – avevo – mi sono fermato | facevo – ha chiamato – voleva | Ho perso – sono riuscito | ho avuto | mi sono accorto – avevo | sono tornato | era | Sono arrivato – sono rimasto

7 avevo – sono andata – ho frequentato | C'erano – eravamo | abbiamo fatto | è diventata | siamo conosciute – cercavamo – abitavamo | piaceva – ci siamo riviste | si è sposata | c'erano – abbiamo fatto | Ho imparato – è servito – ho fatto

Regole e sistemi III

Sistemi: era | avevo
Regole: imperfetto – avere – participio passato

8 1. C | 2. E | 3. G | 4. F | 5. A | 6. B | 7. H | 8. D

9 ha piovuto | sapevo | mi annoiavo | Avevo (già) finito – aveva regalato | volevo – avevano proposto – erano (già) partiti | ho deciso – volevo | c'erano – aveva fatto – eravamo – aveva portato | Ho chiuso – sono tornata

Regole e sistemi IV

a *Sistemi:* perché | Dato che | Siccome
Regole: weil | Anfang | folgt | *siccome* | Anfang

b *Sistemi:* fanno
Regole: Plural

10 2. Siccome avevo perso l'aereo, ho passato la notte in aeroporto. / Ho passato la notte in aeroporto perché avevo perso l'aereo. | 3. Dato che gli amici avevano organizzato una festa a sorpresa, hanno aspettato il festeggiato al buio. / Gli amici hanno aspettato il festeggiato al buio perché avevano organizzato una festa a sorpresa. | 4. Siccome faceva freddo, ho messo la sciarpa. / Ho messo la sciarpa perché faceva freddo. | 5. Dato che non ho sentito la sveglia, sono arrivato in ritardo a scuola. / Sono arrivato in ritardo a scuola perché non ho sentito la sveglia. | 6. Non so suonare la chitarra perché no ho mai imparato. / Siccome non ho mai imparato, non so suonare la chitarra.

11 1. Vogliono | 2. Si dimenticano / si sono dimenticati | 3. Devono | 4. Promettono / fanno

Test

1. B | 2. C | 3. C | 4. B | 5. A | 6. C | 7. B | 8. A | 9. C | 10. C | 11. C | 12. B | 13. C | 14. A

2 Te lo dico così.

1 CHIACCHIERARE | VIRTUALE | CHATTARE | CELLULARE | E-MAIL | MESSAGGINO | TABLET | TELEFONINO | PORTATILE | COMUNICARE | AGENDA ELETTRONICA | SCRIVERE | TELEFONARE

2 1. chattate | 2. scrivi / dimentichi | 3. chiacchieriamo | 4. ricevo / lascio | 5. comunichiamo | 6. scambiare

3 1. Ma dove sei? Perché non vieni? | 2. Sono ancora a casa, ci vediamo più tardi. Ti voglio bene | 3. Arrivo più o meno alle ore 13. Andiamo a bere qualcosa? | 4. Perfetto!

4 1. Buongiorno, vorrei fare una denuncia. | 2. Mezz'ora fa mi hanno rubato il portafoglio al mercato. | 3. Prego, si accomodi! Mi dia le Sue generalità, per favore: nome, cognome, indirizzo. | 4. Avevo visto una bella cintura e me la volevo comprare, ma al momento di pagare il portafoglio non c'era più. | 5. Lo tenevo nella tasca posteriore dei jeans. | 6. Evidentemente me l'hanno sfilato da lì, ma io non mi sono accorto di niente. | 7. Firmi qui, per favore, e in caso di ritrovamento dei documenti Glielo faremo sapere.

Regole e sistemi I

Sistemi: chattando
Regole: gerade | Subjekt | *quando*

5 uscire | stando | dire | facendo | finire | leggendo | twittare | bevendo

6 avendo bisogno – lavorando – avendo – facendo – bruciando – dimagrendo – dovendo

Regole e sistemi II

Sistemi: Te la | Ce | Se lo | Gliela | Glielo | Glielo | te la | Dammele!
Regole: vor – vor | *e* | *le* – *Le* | vor – vor | angehängt | vor

7 me la | me li | me le | me ne | te lo | te la | te li | te ne | glielo | glieli | gliele | gliene | ce lo | ce la | ce le | ce ne | ve lo | ve la | ve li | ve le | gliela | glieli | gliele | gliene | se lo | se la | se li | se ne

8 1. te li | 2. me l' (me lo) | 3. Glieli | 4. gliele | 5. Glieli | 6. Gliene

Regole e sistemi III

Sistemi: Lei | La | mostrarLe | chiamarLa
Regole: 3. | *Le* | groß

9 esserLe | Me lo | gliel' | Le – Glieli | Glielo | Me lo | La | Glielo/Le | La | La

Regole e sistemi IV

Regole: one | *ino* – *etto* – *ello* | *accio*

10 1. tempaccio | 2. gattino | 3. scatolone | 4. parolacce | 5. fettine | 6. scatoletta | 7. nasino | 8. panchina | 9. nuvoletta | 10. minutino

11 *Proposta di soluzione:* 1. Scusa, non è stata colpa mia! Ho dovuto lavorare di più! | 2. Non mi importa. Domani possiamo dormire fino a tardi! | 3. Attenzione! Dietro di noi c'è un motorino! Attenta alla borsa, Mirjam! | 4. Deliziose come sempre! Semplicemente perfette! | 5. Ma che fai ancora? Vieni! Andiamo! I nostri amici ci aspettano! | O.k., perfetto!

Test

1. C | 2. A | 3. C | 4. A | 5. B | 6. C | 7. B | 8. C | 9. B | 10. C | 11. C | 12. A | 13. C | 14. A

3 Come siamo, come viviamo

1 1. chiuso | 2. puntuale | 3. ospitale | 4. serio | 5. freddo | 6. bravo | 7. egoista | 8. furbo | 9. responsabile | 10. affettuoso | Lösung: introverso

2 ad alta voce | fastidiosi | in ritardo | mammoni – egoisti – accoglienti

Regole e sistemi I

a *Sistemi:* migliore | il peggiore – pessimo | maggiore – *sehr groß* | il minore – *sehr klein* | superiore – *sehr hoch*
Regole: bestimmten – Komparativ – *di* – *che* – *a*

b *Regole: meglio* | *peggio*

3 1. pessimi | 2. meglio | 3. inferiore | 4. superiore | 5. maggiore | minore | 6. la peggiore | 7. migliore

Regole e sistemi II

Sistemi: quel – ha – si – suoi

4 loro | hanno | le … insospettite – hanno | Si è – dovevano – loro | sua | Le – potevano | hanno | Sono – hanno – sono | avevano – sono | Loro sono | Gli – quell' | loro | loro

Regole e sistemi III

Sistemi: bisogna – si devono
Regole: Plural

5 *si deve / bisogna:* rispettare l'orario di riposo | mettere un avviso quando si fa una festa

si devono / bisogna: mantenere buoni rapporti con tutti i vicini | pagare puntualmente le spese di manutenzione

non si deve / non bisogna: passare l'aspirapolvere la sera tardi

non si devono / non bisogna: lasciare abbaiare i cani di notte | spostare i mobili di notte

Regole e sistemi IV

Sistemi: fai – la fa – ce la facciamo – ce la fate – ce la fanno | prendi – se – ce la – ve la prendete – se la prendono | vai – se (ne) va – ce (ne) andiamo – ve ne andate – se ne vanno | presa
Regole: andarsene | *prendersela* – *a*

6 me ne sono andato | me la prendevo | Fregatene! | te la prendi | se ne erano andati – te ne vai | ce l'ho fatta

Regole e sistemi V

Regole: durante – Verb (Bsp. 2) | (Bsp. 3)

7 1. durante | 2. mentre | 3. durante | 4. mentre | 5. durante | 6. mentre | 7. mentre | 8. durante

8 *Proposta di soluzione:* K.: Che ne dici di abitare per un po' di tempo in Sicilia? Io potrei scrivere articoli sulla situazione attuale e tu puoi lavorare dappertutto, hai bisogno solo del tuo portatile. | M.: Ottima idea! I siciliani sono comunicativi e simpatici. Ma dove vorresti abitare? | K.: Naturalmente a Palermo! Forse ce la facciamo a sfatare i pregiudizi. | M.: Salvo, il mio amico siciliano, afferma che la vita nel centro storico oggi è migliore e il tasso di criminalità inferiore rispetto ad alcune città del Nord d'Italia. | K.: Credi che ce la farai a viverci per più di due settimane? | M.: Certo! Noi ce ne freghiamo dei pregiudizi della gente. E se non ce la facciamo, possiamo sempre tornare.

Test

1. B | 2. A | 3. A | 4. B | 5. A | 6. C | 7. B | 8. B | 9. B | 10. C | 11. A | 12. B | 13. A

Ripasso 1

1 a 1. tinta unita | 2. sposarsi | 3. le cuffie | 4. il naso | 5. archeologico | 6. il vigile

1 b 1. perdiamo | 2. dà una mano | 3. ci posso credere | 4. si lamentano | 5. Facendo | 6. hai – denunciato | 7. Bisogna | 8. disturbi | 9. tocca

2 ha telefonato | c'eravamo più viste | telefonando – gliel' | Dato che – l'avevo vista – ho fatto | ha raccontato – avevano adottata | se l'era presa – era andata via – periodaccio | gliel' | ha chiesto – da – di – chiaro | Avevo – durante – ha cominciato | ce la farò | devono

3 *Proposta di soluzione:* 1. Ma perché si arrabbia tanto? | 2. Dove teneva / aveva messo il portafoglio? | 3. Perché vuole traslocare / si vuole trasferire?

4 a 2

4 b 2 | 4 | 5 | 6

5 *Proposta di soluzione:* Ciao Anne, oggi sono stata alla Focacceria San Francesco qui a Palermo. Ho mangiato molto bene. La cucina è tradizionale e mi piace molto. L'atmosfera è familiare e accogliente. È un locale molto antico che prima era una cappella. I proprietari sono contro la mafia e sostengono l'associazione *Addiopizzo* di cui abbiamo parlato in classe. Ti racconterò di più al mio ritorno. A presto

4 Ti piace leggere?

1 1. romanzo | 2. fumetto | 3. rivista | 4. fiaba | 5. mensile | 6. poesia | 7. quotidiano | 8. saggio | 9. settimanale | 10. racconto | 11. giallo | 12. guida | 13. biografia | 14. fantasy

2 2. F | 3. H | 4. G | 5. C | 6. B | 7. E | 8. A

3 1. classici | contemporaneo | prestato – piaciuto | uscito – ambientato | triste – avvincente
2. leggendo – consiglio | regalata | ruolo principale – interpretato
3. piacciono – preferito | ritagli – giornale | premio – iniziato

4 anzi | Innanzitutto – infatti | Certo – così | Inoltre | Insomma | e quindi

5 *Proposta di soluzione:* Sì, due giorni fa ho comprato questo dizionario … eccolo. A casa mi sono accorto/-a che la copertina è rovinata e che alcune pagine sono stampate male, guardi! | Grazie, lo volevo regalare a mia nipote, ma ora non sono più tanto convinto/-a (sicuro/-a). | Mah, adesso non saprei/so quale. | Ottima idea, grazie.

Regole e sistemi I

Wiederholung
Regole: Subjekt (Bsp. 1) – Objekt (Bsp. 2) | Präposition

a *Sistemi:* 2. quale | 3. il quale | 4. quali
Regole: il / la quale – Plural | bestimmten Artikel

6 a *La scienza in cucina e l'arte di mangiar bene*

6 b 1. con i quali / con cui | 2. che / i quali | 3. che / il quale | 4. nel quale / in cui | 5. di cui / della quale | 6. per cui / per il quale | 7. al quale / (a) cui | 8. fra cui / fra le quali

Regole e sistemi II

a *Regole: venire – venire* | *essere* – (Bsp. 5, 6) | *da* (Bsp. 4, 6)

b *Sistemi:* secolo | (nel diciannov)esimo (secolo) | (nell'Ottoc)ento
Regole: bis 1999 | *il '400* = 1400 – 1499

7 a viene rifiutato | viene pubblicato | viene assegnato | vengono vendute | viene tratto – è / viene interpretato – sono / vengono affidati | viene restaurato – viene messo

7 b *Risposta:* Il Gattopardo di Tomasi di Lampedusa
Il principe ha mandato – è stato rifiutato | è stato pubblicato | gli è stato assegnato | Il successo è stato – sono state vendute | è stato tratto – è stato interpretato – sono stati affidati | è stato restaurato – è stato messo

8 2. Quattrocento | 3. ventesimo | 4. diciassettesimo | 5. Duecento | 6. quattordicesimo

Regole e sistemi III

Sistemi: andare: (and)ò – (and)arono | uscire: (usc)ì – (usc)irono
Regole: venire: (loro) vennero | *leggere: (lui/…) lesse – (loro) lessero*

9 a 2. vivere | 3. mettersi | 4. esserci | 5. decidere | 6. raggiungere | 7. dire | 8. raccogliere

9 b entrò (entrare) | lavorò (lavorare) – iniziò (iniziare) | si ritirò (ritirarsi) | iniziò (iniziare) | fu pubblicato (essere pubblicato)

Test

1. C | 2. B | 3. C | 4. B | 5. C | 6. B | 7. C | 8. A | 9. B | 10. C | 11. C | 12. B | 13. B | 14. C

5 Cosa conta nella vita

1 1. istituzioni | 2. economico | 3. relazioni | 4. qualità | 5. istruzione | 6. paesaggio | 7. culturale | 8. equilibrio | *Due parole in più:* salute – sicurezza

2 1. Trovo | 2. ambiente | 3. importante | 4. interessi | 5. lo | 6. sereni | 7. contino | 8. A me | 9 realizzazione | 10. scelte

3 *prodotti agricoli:* UOVA | RAVANELLI | POMODORI | PANNOCCHIE | PISELLI | MELANZANE | FAGIOLI
prodotti industriali: FRIGO | BICI | CELLULARE | AUTO | PORTATILE | STUFA

4 1. abbandonare l'impiego in città | 2. trasferirsi in campagna | 3. riscaldare la casa solo con una stufa a legna | 4. vendere l'automobile | 5. girare in bicicletta | 6. rinunciare al frigo, … | 7. vivere delle uova delle proprie galline … | 8. dedicarsi a tempo pieno all'orto … | 9. spendere solo una volta ogni tanto … | 10. avere una casa di proprietà

Regole e sistemi I

Sistemi: (non) serve, gli (servono)

5 2. Ho bisogno del cellulare solo quando esco. | 3. A Carlo serve un pc più veloce. | 4. Emma avrebbe bisogno dell'aiuto di un vero amico. | 5. Hai veramente bisogno di queste app? | 6. Se vi servono 500 euro, ve li presto io. | 7. Se hai bisogno della mia bici, dimmelo! | 8. Non abbiamo bisogno dei tuoi consigli.

Regole e sistemi II

a *Sistemi:* guardi – guardi – guardino | scriva – scriva – scriviamo – scriviate | parta – parta – partiamo – partano | finisca – finisca – finiamo – finiate – finiscano
Regole: -ere und *-ire* | bei der 1. Person Plural auf *-iamo* und bei der 2. Person Plural auf *-iate*
Sistemi: avere – abbia – abbia – abbiamo – abbiate | *essere* – sia – sia – siamo – siate | vada – vada – vada – andiate | voglia – voglia – vogliano | esca – esca – usciate
Regole: possa | faccia | (facc)iate | (poss)iate | (dic)iate | *essere* | (Für alle Verben gilt): … *io, tu, lui, lei, Lei.*

b *Sistemi:* Trovo che | Ti sembra che | Mi pare che | Ritengo che | Credo che |
Regole: subjektive | *che* | *di*

6 *Indicativo presente:* vado – tenete – tieni – voglio – spegnete – spegni – salite – beve – dici | *Congiuntivo presente:* andiate – esca – usciate – tengano – vogliano – spenga – salga – salgano – bevano – dica – diciate | *Indicativo e congiuntivo:* andiamo – usciamo – vogliamo – beviamo

7 *dare:* (tu) dia – (lui/…) dia – (noi) diamo | *dovere:* (io) debba- (lui/…) debba – (noi) dobbiamo – (voi) dobbiate | *sapere:* (io) sappia – (tu) sappia – (noi) sappiamo – (loro) sappiano | *stare:* (tu) stia – (lui/…) stia – (noi) stiamo – (voi) stiate

8 1. stiano | 2. sappia | 3. debba | 4. sappiano | 5. diano | 6. sappiate

9 *Franco pensa …* 1. che la famiglia e gli amici siano importanti. | 2. di vivere meglio. | 3. che frequentare i siti d'incontri possa essere pericoloso. | 4. che spesso i single siano persone difficili. | 5. che in Internet non si trovino veri amici. | 6. di non dedicare abbastanza tempo alla famiglia. | 7. che sia difficile trovare un buon equilibrio … | 8. che con l'età la salute diventi sempre più importante. | 9. di non poter rinunciare ai comfort.

10 *Proposta di soluzione:* 1. Io non sono d'accordo. Penso che la disponibilità dipenda piuttosto dal carattere delle persone e non dal loro stato civile. | 2. Io invece penso di sì. Dipende naturalmente dalle proprie priorità e convinzioni. | 3. Io al contrario sono dell'idea che tante persone frequentino i siti d'incontri con intenzioni serie. Conosco alcune coppie che si sono conosciute su Internet.

Regole e sistemi III

a *Sistemi:* avrà | saranno
Regole: Vergangenheit | *essere*

b *Regole:* erfahren (Bsp. 1) – wissen (Bsp. 2) | kennenlernen (Bsp. 3) – kennen (Bsp. 4)

11 1. Avrà dimenticato di accendere il cellulare. – Sarà uscita con il cane. | 2. Avrà dormito male. – Avrà litigato con la moglie. – Avrà ricevuto una brutta notizia. | 3. Avrà finalmente incontrato l'uomo giusto. – Avrà ottenuto un aumento di stipendio.

12 1. sapevi – ho saputo | 2. avete saputo | 3. vi conoscevate – ci conoscevamo – ci siamo conosciuti | 4. ho conosciuto

Test

1. B | 2. C | 3. A | 4. C | 5. A | 6. B | 7. C | 8. B | 9. C | 10. A | 11. B | 12. B | 13. C | 14. B

6 Che colore ha il tuo lavoro?

1 1. camice | 2. tuta | 3. casco | 4. elmetto | 5. grembiule | 6. divisa | 7. uniforme | 8. guanti | 9. tunica | 10. tailleur

2 VASAIO | MECCANICO | ELETTRICISTA | SCRITTORE | ORAFO | CONSULENTE | VETRAIO | FABBRO | IDRAULICO | OPERAIO | ARTIGIANO | MURATORE | IMBIANCHINO | CALZOLAIO | LIBERO PROFESSIONISTA

3 1. paziente | 2. curioso | 3. creativo | 4. forza | 5. disponibilità | 6. dinamismo | 7. flessibile | 8. concentrazione

Regole e sistemi I

Regole: fare (Bsp. 1) | *lasciare* (Bsp. 2)

4 1. fa – (Luisa è) cuoca | 2. faceva – lascia – (Paola fa la) segretaria | 3. faceva – lasci – (Luca è) parrucchiere | 4. lasciava – fa – (Umberto fa il) vasaio

Regole e sistemi II

Sistemi: (trov)i | (lavor)ino | (arriv)iate
Regole: è importante – bisogna | Subjekt

5 1. avere | 2. abbiate | 3. aggiornarsi | 4. rispettino | 5. portiate | 6. conosca | 7. siate | 8. lavorare | 9. facciate | 10. sviluppare

Regole e sistemi III

Sistemi: 2. (sia)no | 3. (ricord)ino | 4. (po)ssa | (de)bba
Regole: 1 – 2 – 4 – 3

6 *Wille / Hoffnung / Wunsch*: sperare | volere | desiderare | *Gefühlsäußerung*: avere paura | essere contento | *Zweifel:* temere | non sapere se | dubitare | non essere sicuro | *unpersöhnliche Ausdrücke*: è importante | basta | è necessario

7 1. Speriamo che il fine settimana il tempo sia bello. | 2. Il Dott. Neri desidera che i suoi dipendenti frequentino i corsi di aggiornamento. | 3. È necessario che il settore dell'energia solare venga finanziato al Sud dell'Europa. | 4. Temo che l'energia fotovoltaica non basti a risolvere tutti i problemi dell'ambiente. | 5. Mio marito dubita che il meccanico ripari la macchina entro domani. | 6. Non sono sicura che Paolo abbia abbastanza pazienza per fare l'infermiere.

Regole e sistemi IV

Sistemi : *(tu)* sia | *(lui/…)* sia | *(voi)* siate | *(loro)* siano andati/-e | *(tu)* abbia | *(lui/…)* abbia | (noi) abbiamo | *(loro)* abbiano | abbia | vadano
Regole: avere – essere – Partizip Perfekt | *essere* | Vergangenheit – Meinung – (Gefühls)äußerung – (Hoff)nung – (Erw)artung

8 1. abbia ascoltato | 2. abbia dimenticato | 3. sia (già) passato | 4. abbia superato | 5. abbia fatto | 6. sia (già) venuto – abbia trovato | 7. si sia trasferito | 8. sia stata

Regole e sistemi V

Regole: si | 3. | 2. – Singular

9 1. Per superare l'esame devi studiare. | 2. Devi leggere il giornale per informarti. | 3. Devi avere soldi, esperienza e coraggio per metterti in proprio.

10 *Proposta di soluzione:* Buongiorno, possiamo dare un'occhiata?… Quante belle cose in questa bottega! … Fa tutto da solo? | Mi interesserebbe questa maschera di cuoio. Immagino che l'abbia fatta Lei!? Oh! Ma è pesante! Non credo che la possiamo portare in aereo. Potrebbe spedircela? | Ah! Guardi, credo che la mia nipotina si sia innamorata di questo anello d'argento. Lo prendo! Potrebbe farmi una confezione regalo? La settimana prossima è il suo compleanno. | Ah! Peccato! Sono veramente molto belli! Ma … anche Lei smetterà presto di lavorare? Quando vanno in pensione gli artigiani in Italia?

Test

1. C | 2. B | 3. B | 4. A | 5. A | 6. C | 7. C | 8. C | 9. A | 10. B | 11. B | 12. B | 13. C | 14. B

Ripasso 2

1 **a** 1. racconto | 2. scontrino | 3. mele | 4. cialtrone | 5. vasaio | 6. consulente | 7. affitto | 8. novità

1 **b** 1. svolgere | 2. stringere | 3. mantenermi | 4. fuggire | 5. è ambientata | 6. soddisfare | 7. è interpretato | 8. dedico | 9. perde | 10. mettermi

2 l'ho saputo | L'ho incontrata | aveva appeso – aveva trovato | Avrete capito | far – cui | l'abbia avuta – perché | sia – successone

3 *Proposta di soluzione:* 1. Che titolo di studio hai? | 2. Hai mai fatto un tirocinio? | 3. Qual è stato il tuo primo lavoro? | 4 Io invece penso di sì. / Anch'io sono della tua opinione. | 5. Cosa conta per te nella vita? | 6. Tu preferisci il libro cartaceo o quello digitale?

4 **a** 2
b 2 – 3 – 6

5 *Proposta di soluzione:* Io da ragazzino/a leggevo molto. Mi piacevano i libri d'avventura. Ricordo che leggevo anche di notte, sotto le coperte. Ricordo anche che andavo in libreria e sceglievo personalmente i romanzi che volevo leggere. Poi verso i 14–15 anni ho iniziato ad interessarmi più alla musica che alla lettura. Ho ripreso a leggere romanzi verso i 18 anni. Ho letto moltissimo durante gli anni universitari. Poi con il lavoro e la famiglia il tempo disponibile è diminuito molto. Oggi leggo molto meno romanzi e racconti. Nei ritagli di tempo preferisco leggere il giornale. Solo in vacanza trovo il tempo e la calma per leggere almeno un romanzo.

7 Che lingua parli?

1 LADINO | CATALANO | GRECO | SARDO | ALBANESE | TEDESCO | FRANCO-PROVENZALE | FRANCESE | FRIULANO | CROATO | OCCITANO | SLOVENO

2 1. C | 2. C | 3. B | 4. A

3 1. globalizzazione | 2. mondo | 3. rivincita | 4. specializzati | 5. aggiornati | 6. archivio

4 1. da urlo | 2. roba | 3. l'acquolina in bocca | 4. scocciate | 5. cavolo dici | 6. vedo l'ora | 7. Quanto rompe | 8. fico

5 1. biglietti | 2. questi | 3. inizia | 4. timbra | 5. timbrare | 6. dovrò pagare | 7. multa

Regole e sistemi I

Regole: auch wenn | *anche se – sebbene*

6 1. sebbene | 2. Sebbene | 3. Anche se | 4. sebbene | 5. Sebbene | 6. Anche se

Regole e sistemi II

a *Regole:* falls | Folge | (Bsp. 3) – (Bsp. 4)
b *Sistemi:* presente indicativo / futuro semplice | futuro semplice / futuro semplice

7 1. Se domenica prossima farà bel tempo, faremo una gita in montagna. | 2. Se volete venire con noi ci fa piacere. | 3. Partiremo quando tutti saranno pronti. 4. Mangeremo quando arriveremo allo chalet. | 5. Se non arriveremo troppo tardi, potremo preparare la fonduta. | 6. Se siete d'accordo, torneremo in città verso le sette. |
Bedingung: 1 – 2 – 5 – 6

8 Quando/se | se | Se | Se | quando

Regole e sistemi III

a *Sistemi:* (Verben mit regelmäßigem congiuntivo imperfetto): guardassi – guardassero | avessi – avessimo – avessero | partissi – partisse – partiste | finissi – finisse – finissimo – finissero | (Verben mit unregelmäßigem congiuntivo imperfetto): dessi – desse – deste | dicessi – dicesse – dicessero | facessi – facesse – faceste facessero | stessi – stesse – stessero | fossi – fosse – fossimo – foste
Regole: (produc)essi | *proponessi*

b *Regole:* Hauptsatz – *congiuntivo imperfetto*

9 *(Io)* volessi | *(tu)* volessi | *(lui / …)* venisse – producesse | *(noi)* bevessimo – uscissimo | *(voi)* andaste – proponeste | *(loro)* studiassero – preferissero | (Rimangono le forme) verremmo – andreste – preferirei – vorrebbero – dovrebbe

10 2. D | 3. E | 4. A | 5. B | 6. C

11 1. fossi – dedicherei | 2. Potessi – cambierei | 3. Lavorasse – potrebbe | 4. Fossero – potremmo | 5. Avesse – sarebbe | 6. Abitassimo – sarebbe

12 *Proposta di soluzione:* 1. Se vuoi ti aiuto / ti do un mano. | 2. Se avessi tempo, andrei al cinema. | 3. Se domani non piove / pioverà, facciamo / faremo una gita in bicicletta / bici. | 4. Se avessi un cane, dovrei uscire con lui ogni giorno / tutti i giorni. | 5. Quando sono ammalato/-a mi piace ascoltare un audiolibro. | 6. Se fossi in te, andrei ad abitare in città.

Test

1. A | 2. C | 3. C | 4. C | 5. B | 6. A | 7. A | 8. A | 9. B | 10. C | 11. B | 12. A | 13. C | 14. A

8 Anche questa è arte!

1 1. scultura | 2. pennello | 3. dipinto | 4. sfida | 5. opera d'arte | 6. tela | 7. gioiello | 8. disegno | 9. creazione | 10. colori |
Soluzione: immaginazione

2 1. semina | 2. eccitazione | 3. trattore | 4. aratro | 5. raccolto | 6. soggetti | 7. volti | 8. campi | 9. aeroplano | 10. stupore |
Soluzione: spettacolare

3 museo | progettato da – capolavoro | a forma di tre onde – luminosa | è stato inaugurato – opere | artisti | creato – manoscritti – pittore

Regole e sistemi I

a *Sistemi:* 1. ci sono | 2. Ci vuole | 3. ci mette
Regole: es gibt / es hat (Bsp. 1) – man braucht, es dauert (Bsp. 2) – ich brauche, du brauchst, er braucht… (Bsp. 3) | (Bsp. 4) | (Bsp. 5 u. 6) | als Reflexivpronomen der 1. Person Plural (Bsp. 7)

b *Regole: a* – (Bsp. 1) – (Bsp. 2) | *di* – (Bsp. 5) – (Bsp. 4)

4 1. E | 2. F | 3. H | 4. G | 5. C | 6. B | 7. D | 8. A

5 lo | ne | Ci | ci – se ne | ci – riuscirci | ci – ammirarle

6 1. ci – lo | 2. ce la – ci | 3. Ti – ne | 4. Ci – ci | 5. Ne – l' | 6. Lo – me ne | 7. le – ne | 8. ci – ci – ce ne – li | 9. ne – Ci

Regole e sistemi II

Regole: (Bsp. 1) – *mentre* – (Bsp. 2) | (Bsp. 3 u. 4) – (Bsp. 5)

7 1. utilizzando | 2. andando | 3. usando | 4. guardando | 5. abitando | 6. ascoltando | *Proposta di traduzione:* 1. Schreiben Sie einen Text und benutzen Sie dabei die angegebenen Wörter. | 2. Wenn ich mit dem Mofa ins Büro fahre, geht es schneller als mit dem Auto. | 3. Einige *Land Art* Künstler benutzen Laser und Computer als Hilfsmittel. | 4. Dario Gambarin ist beim Anblick der Fotos seiner vollendeten Arbeit gerührt. | 5. Wenn man in einer Hausgemeinschaft lebt, gibt man weniger aus. | 6. Vom Regierungsbeschluss habe ich beim Radiohören erfahren.

8 1. mi emoziono – guardando | 2. riusciamo – camminando | 3. si stancano – lavorando | 4. sentendo – si ricorda | 5. si rilassa – ascoltando

Regole e sistemi III

a *Sistemi:* sta | stiamo per arrivare

b *Sistemi:* avrebbe | sarebbe
Regole: nicht | *essere* – *avere*

9 1. stanno per chiudere | 2. sta per decidere | 3. stanno per arrivare | 4. stanno per inaugurare | 5. sto per andare a prendere

10 1. Noi non saremmo tornati a casa tanto tardi. – Carla si sarebbe fatta svegliare da qualcuno. | 2. Io prima avrei fatto ginnastica. – Milla e Luisa avrebbero scelto una pista meno difficile. – Giovanni sarebbe stato più prudente. | 3. Marco ed io non saremmo andati al cinema di sabato sera. – Carla e Beatrice sarebbero arrivate alla biglietteria un'ora prima. – Io avrei prenotato i biglietti per telefono.

11 *Proposta di soluzione:* Anche a me non piacciono. Però, se non altro, sono abbastanza originali e di grande effetto. | Io invece mi trovo bene nella mia città. Non è una metropoli, ma l'offerta culturale è grande. Inoltre ci sono parecchie zone verdi.

Test

1. B | 2. A | 3. C | 4. B | 5. B | 6. B | 7. C | 8. C | 9. C | 10. A | 11. C | 12. C | 13. A

9 Da dove vieni, dove vai?

1 1. giornalino tascabile | 2. macchina da scrivere | 3. macchinetta per il caffè | 4. collezione permanente | 5. autore televisivo

2 2. C | 3. H | 4. I | 5. D | 6. B | 7. E | 8. A | 9. G

3 a nome – invece | cresciuta – cittadinanza | italiano – sia – sia – svizzera

3 b legame | identità – domanda | votare | cittadini

3 c 1. originaria | 2. legati | 3. paese d'origine | 4. pensione | 5. ci sentiamo | 6. radici

4 1. L'Italia è una Repubblica parlamentare. | 2. Il Parlamento ha la durata di 5 anni e viene eletto dai cittadini. | 3. No, si chiama Presidente del Consiglio. | 4. Il Presidente della Repubblica è eletto dal Parlamento.

5 cosmopolita – piccola – coraggiosa – ambiziosa – autorevole | dura – decisa – inflessibile – tollerante – grande – attiva – impegnata

Regole e sistemi I

Sistemi: (männlich) l'autore – il pioniere – il cliente – il francese | (weiblich) la cittadina – la stilista – l'abitante
Regole: -iera -trice | *-ista* – eine

6 1. giornalista – scrittrice – parlamentare europea | 2. cantante – musicista inglese – italiana | 3. scrittori italiani | 4. ballerina – italiana | 5. giornalista – autore | 6. editrice – fotografa – tedesca | 7. cittadini italiani | 8. imprenditrice

Regole e sistemi II

Sistemi: 1. (lett)e | 2. (ideat)i
Regole: Partizips – Zahl | Geschlecht – Zahl

7 2. Le ha raccolte e riscritte Italo Calvino. | 3. L'ha composta Giuseppe Verdi. | 4. L'ha prodotta la FIAT. | 5. L'ha progettato Renzo Piano. | 6. Li ha scritti Andrea Camilleri. | 7. Le ha prodotte l'Olivetti.

8 1 – E | 2 – D | 3 – A | 4 – C | 5 – B

9 1. Certo, ne ho avute due o tre. | 2. Come no, ne ho visti alcuni. | 3. No, non l'ho mai visto. | 4. Ne ho comprata una proprio un anno fa. | 5. Sì, l'ho scritta ieri. | 6. Ma certo, ne ho già lette parecchie.

Regole e sistemi III

a *Sistemi:* si – ci si –
Regole: ci

b *Sistemi:* 3. ha (dovuto aspettare) | 4. siamo dovuti (tornare) | 5. hanno potuto (fare) | 6. sono potute (partire)

10 1. è dovuta | 2. ho potuto | 3. siamo potuti | 4. ha dovuto | 5. abbiamo dovuto | 6. ha voluto – ha voluto

11 si chiacchiera | si cerca | si svolgono – si legge – si ascolta – si cerca – si imparano – ci si concentra | si fanno | ci si aiuta – ci si diverte | ci si intervista | si organizza | si ride – si cantano – si balla |

Test

1. C | 2. B | 3. C | 4. A | 5. C | 6. B | 7. C | 8. A | 9. C | 10. B | 11. A | 12. B | 13. C | 14. B

Ripasso 3

1 a 1. convalidare | 2. suono | 3. permanente | 4. consumatore | 5. gergo | 6. biglietto | 7. sfida

1 b 1. facciamo | 2. inaugurato | 3. viene | 4. ottenuto | 5. timbrato | 6. rompere | 7. progettato | 8. contribuito | 9. aperto | 10. tutelate

2 che – sta per cominciare | sia | ne – eri | cui – lasciassi | se – sarà – ci | volevi | lo – sei potuta – si era ammalato – sei dovuta | né – né – sebbene | sarebbe piaciuto | ci

3 *Proposta di soluzione:* 1. No, non la / lo conoscevo, ma ne avevo sentito parlare. | 2. Che ne dici del nuovo teatro? | 3. Noi teniamo molto a vivere in città. Anche voi? | 4. Anche tu a volte usi parole inglesi? | 5. La mia famiglia è originaria della …, ma viviamo da anni in … / io sono nato / nata in …

4 a 3

4 b 2 – 3 – 5

5 *Proposta di soluzione:* Caro Guido,
so che l'argomento dell'emigrazione / immigrazione ti sta a cuore. L'altro giorno, sulla Stampa, ho letto un articolo che potrebbe interessarti. Parla di un lavoratore albanese che da tanti anni vive in Italia e che ormai si sente italiano: sua moglie è italiana e i suoi colleghi lo chiamano Emilio, anche se il suo vero nome è Ermen. Ermen lavora in Svizzera e ogni giorno alla frontiera le guardie lo fermano a causa del suo nome albanese. Ogni giorno, quindi, si rende conto di essere diverso dagli altri. Così decide di fare domanda per il cambiamento di nome e di farsi chiamare Emilio anche ufficialmente. Siccome una prima richiesta viene respinta, Ermen si rivolge al Tar, questa volta con successo. Sembra che per i giudici del Tar il desiderio di cambiare nome sia segno di integrazione.

Non trovi che sia stata una decisione molto umana? Se vuoi ti mando l'articolo, ho fatto una fotocopia.

Un caro saluto